LES
GOUVERNEURS DE PROVINCE

DANS

LES ANCIENS PAYS-BAS CATHOLIQUES;

PAR

EDMOND POULLET,

De l'Université catholique de Louvain, correspondant de l'Académie royale de Belgique.

BRUXELLES,

F. HAYEZ, IMPRIMEUR DE L'ACADÉMIE ROYALE DE BELGIQUE.

—

1873

Extrait des *Bulletins de l'Académie royale de Belgique*,
2me série, t. XXXV, n° 4; avril 1873.

LES

GOUVERNEURS DE PROVINCE

DANS

LES ANCIENS PAYS-BAS CATHOLIQUES.

Parmi les anciennes institutions nationales, il en est une dont les historiens et les publicistes ne se sont guère occupés : les gouvernements de province (1). Elle mérite cependant une étude approfondie.

Les gouverneurs n'ont jamais été dans les Pays-Bas de simples rouages administratifs et, pendant des siècles, ils furent des organes du souverain en possession d'une initiative étendue. La connaissance exacte de leurs pouvoirs est indispensable pour comprendre comment une foule d'entre eux ont eu une influence personnelle si marquée sur la manière dont se sont développées nos annales. On peut même, en parcourant les étapes de l'amoindrissement successif de leurs prérogatives, suivre pas à pas les

---

(1) M. Steur a dit quelques mots des gouverneurs dans ses *Mémoires* couronnés sur les règnes de Charles VI et de Marie-Thérèse. On peut consulter sur les gouverneurs de Namur : un travail intéressant inséré dans le tome VIII des *Annales de la Société archéologique de Namur;* sur les grands baillis du Hainaut : Pinchart, *Histoire du conseil souverain du Hainaut,* 1857, extrait des Mémoires in-8° de l'Académie royale; les *Bulletins de la Commission pour la publication des anciennes lois et ordonnances,* t. II, pp. 84 et suiv., etc.; sur les gouverneurs du Limbourg : Ubaghs, *Korte schets der geschiedenis van het land van Valkenburgh,* p. 41, etc.

transformations du système politique appliqué à nos provinces par les différentes dynasties qui les dominèrent.

Je n'ai pas la prétention de faire, dans les quelques pages qui vont suivre, l'histoire détaillée de tout ce qui concerne les gouvernements. Je me propose seulement d'étudier l'institution au point de vue du droit historique : et j'espère être à même d'en dire assez pour justifier d'abord l'importance du sujet que j'ai abordé, pour inciter ensuite d'autres travailleurs à poursuivre et à achever mes recherches personnelles.

I.

S'il y eut des gouverneurs de province en Belgique dès l'époque où deux ou trois duchés, comtés ou seigneuries appartinrent à un même prince (1), l'institution des gouvernements naquit seulement à l'époque de l'unification des *pays de par deçà* sous le sceptre de la maison de Bourgogne; elle ne se régularisa même que pendant les règnes de Philippe le Beau et de Charles-Quint.

Au quinzième et au seizième siècle, la nature même des choses voulait qu'à la tête de chaque province se trouvât un représentant du souverain, dépositaire de sa pensée, fidèle à correspondre à ses vues, et investi d'attributions considérables. Les relations et les communications étaient

---

(1) *Bulletins de la Commission royale d'histoire*, 3ᵉ sér., t. IX, p. 78 ; Acte de 1596; « Dilecto ac fideli gubernatori ducatus nostri Limburgensis » ac aliarum terrarum de ultra Mosam. » — Buzelinus, *Gallo Flandria*, lib. tert., p. 480; le gouvernement de la Flandre gallicante, créé par les rois de France, fut maintenu par Philippe le Hardi quand il entra en possession des trois châtellenies. — Pinchart, *Histoire du conseil souverain du Hainaut*, p. 6, à propos de l'augmentation des prérogatives du grand bailliage, quand les comtes de Hainaut devinrent comtes de Hollande.

lentes et difficiles. Nos principautés avaient des institutions, des mœurs, des coutumes, des traditions différentes; elles respiraient un esprit national si jaloux et si individuel qu'il était impossible de les soumettre à une administration uniforme. Même après l'organisation des conseils collatéraux, en 1531, les ressorts du gouvernement général des Pays-Bas manquaient de moyens matériels d'action pour pénétrer dans le détail des affaires sur tous les points du territoire. Il n'y avait guère de *fonctionnaires* dans le sens que la langue moderne attache à ce mot : les agents du prince ne se prêtaient pas à n'être que de simples rouages; et d'ailleurs le pouvoir central ne pensait pas encore à tout faire par l'intermédiaire d'une hiérarchie serrée et passivement obéissante. Le système gouvernemental était simple. Le pouvoir central se bornait à donner le branle et la direction aux représentants du prince dans les provinces : à ces représentants il appartenait de répercuter dans les pays confiés à leurs soins l'impulsion qu'ils avaient reçue, en se conformant aux exigences et souvent aux préjugés locaux. L'esprit public dans plusieurs de nos anciennes principautés considéra longtemps ce système comme intimement lié au maintien des libertés nationales. Quand par le traité de Venloo Charles-Quint réunit définitivement la Gueldre et le Zutphen aux Pays-Bas, il dut s'engager à y placer un *stadthouder* sachant la langue du pays et une chancellerie (1). Plus tard, quand ses successeurs s'attachèrent à diminuer l'importance des gouverneurs, il leur arriva de devoir entrer en lutte avec les états. Nous le verrons plus loin.

---

(1) *Placards du Brabant*, t. Ier, p. 677, articles 3 et 4 du traité.

II.

Le nombre des gouvernances existant en temps normal (1) ne correspondait pas du tout à celui des principautés dont la réunion formait les Pays-Bas. C'est ainsi que la Hollande, la Zélande, la Frise occidentale, jointes depuis 1528 au pays d'Utrecht, n'en formaient qu'une; et la Frise orientale, unie aux Ommelandes, à Groningue, à l'Overyssel, à Lingen, à Drenthe, depuis leur soumission au sceptre de Charles-Quint, une autre (2). La Zélande n'eut guère de gouverneur particulier ou de *surintendant* avant la guerre civile de 1567; et la Frise orientale, l'Overyssel, Groningue avant les années 1577-1578 (3).

Dans le comté de Flandre, par suite même de l'importance exceptionnelle des *institutions locales*, le poste de gouverneur restait souvent vacant pendant de longues suites d'années, et sans aucun inconvénient.

Dans le duché de Limbourg uni aux pays de Fauquemont, Daelhem, Rolduc, Wassemberg, dits pays d'outre-Meuse, le *drossart* et *châtelain* de Limbourg fut depuis le commencement du quinzième siècle jusque vers le milieu

---

(1) Il pouvait en être autrement. Le souverain se proposait parfois de disjoindre les provinces réunies en une seule gouvernance : Gachard, *Correspondance de Philippe II*, t. II, p. 137.

(2) Voir les Annexes de cette notice.

(3) *Idem.* — Je ne connais que trois surintendants de Zélande : Adolphe de Bourgogne, seigneur de Wacken, chevalier, tué à son poste en 1568; son frère Antoine, mort en 1573; (les instructions de ce dernier se trouvent dans un volume des Archives de l'État, à Bruxelles, collection de l'audience: papiers d'État, commissions et instructions pour les gouverneurs de provinces, 1488 à 1693, fol. 364); et le colonel Christophe de Montdragon.

du seizième le lieutenant le plus élevé en rang du prince (1).
Enfin, la seigneurie de Malines et le duché de Brabant se
trouvèrent toujours, au point de vue qui nous occupe, dans
une position particulière (2).

Malines n'était soumise à un gouverneur civil qu'en
temps de crise. Ce fait s'explique par les relations étroites
que la seigneurie eut d'abord avec la Flandre, puis avec le
Brabant, par le séjour qu'y fit la cour, par l'exiguïté de
son territoire provincial, par sa situation aux portes de
Bruxelles, siége ordinaire du gouvernement général, enfin,
par les sollicitations du magistrat local (3).

En Brabant on trouve parfois des capitaines généraux
des gens de guerre du duché (4), mais on n'y trouve pas

---

(1) Voir les Annexes, et Gachard, *Actes des États Généraux de 1600*,
pp. 593, 705.

(2) *Mémoires touchant la forme du gouvernement politique des Pays-
Bas autrichiens*, par Ch. Hovynes, annotés par Wynants, Manuscrit de
la Bibliothèque royale, n° 12291.— *Gouvernement politique des provinces
des Pays-Bas*, etc., Leyde, à la *Sphère*, ouvrage attribué au président
Roose, p. 69.

(3) Antoine de Lalaing, comte d'Hoogstraeten, y fut, par exemple, envoyé en 1566, comme *surintendant*, lors du soulèvement des iconoclastes.
De 1572 à 1574, François de Hallewyn, puis Georges de Lalaing, y furent
envoyés successivement comme gouverneurs civils et militaires, après la
suspension des priviléges et des juridictions de la ville pour cause de
rébellion. En 1582 et 1585, Pontus de Noyelles, seigneur de Bours, et le
seigneur de Famars, nommés par les États Généraux, étaient probablement
des gouverneurs armés de pouvoirs étendus. Tous les autres gouverneurs
que citent les généalogistes et dont on trouve des listes ne sont que de
simples commandants militaires. Gachard, *Rapport sur les archives de
Lille*, p. 22; *Correspondance de Philippe II*, t. III, p. 516. — Van Doren,
Inventaire des archives de Malines, t. Ier, pp. 258, 263; t. II, pp. 120, 125.

(4) Le drossart de Brabant remplissait souvent cette charge au quinzième siècle.

non plus de gouverneurs proprement dits. C'est qu'au quinzième siècle l'article 5 de la Joyeuse Entrée stipulait qu'en cas d'absence du prince le gouvernement du duché serait confié au conseil de Brabant présidé par le chancelier. C'est que, après le remaniement de l'article 5, en 1549, le duché fut placé sous la direction immédiate du pouvoir central par principe politique. On ne voulait pas qu'il y eût à Bruxelles, ou à proximité de Bruxelles, un puissant personnage, maître et directeur de toutes les influences brabançonnes, qui pût contrecarrer le pouvoir central et, le cas échéant, le supplanter (1). Tout le monde se rappelle comment, en 1562, le prince d'Orange songea à se faire créer surintendant du Brabant, et comment Granvelle s'y opposa en disant : « Celui qui accepterait une telle charge se ferait le collègue du Roi pour l'administration des Pays-Bas (2). » A cette époque, le projet en question, conçu dans les régions des grands seigneurs, était aussi médiocrement goûté des États de Brabant que du magistrat de Bruxelles (3). Plus tard les choses changèrent de face. En 1577, le prince d'Orange devint *ruwaert* du Brabant et prêta serment en cette qualité. Il est vrai qu'une émeute avait forcé la main aux états du duché et que la nomination faite par eux avait été confirmée par les

---

(1) De Pape, *Traité de la Joyeuse Entrée.* — Poullet, *Mémoire sur l'ancienne constitution brabançonne connue sous le nom de Joyeuse Entrée,* pp. 207, 352. — Strada, lib. I, ad annum 1558-1559. — Haraeus, p. 91.

(2) Th. Juste, *Les Pays-Bas sous Philippe II,* t. Ier, pp. 568-569. — *Guillaume le Taciturne,* p. 47. — Strada, lib. I, ad annum 1559, et lib. III, ad annum 1562.

(3) *Collection de mémoires sur l'histoire de Belgique : Mémoires de Viglius et d'Hopperus,* p. 16, note de M. Alph. Wauters.

États Généraux sans enthousiasme (1). Quand Farnèse eut rétabli l'autorité royale, le Brabant rentra, et pour tout l'ancien régime, sous la direction exclusive et immédiate du gouverneur général des Pays-Bas (2).

III.

Le titre que portait le représentant direct du souverain variait suivant les gouvernances. En Luxembourg, en Artois, dans la Flandre gallicante (châtellenies de Lille, Douai et Orchies), au moins depuis la fin du quinzième siècle (3), dans le comté de Flandre, il s'appelait *lieutenant gouverneur et capitaine général;* dans les pays de langue néerlandaise et bas allemande, *stadtholder* ou *stadthouder* et capitaine général; en Limbourg, *stadthelder* et *capitaine général* ou *stadthelder, gouverneur et capitaine général* (4). En Hainaut, à Namur, dans le pays de Tournai-Tournaisis, à la qualification de lieutenant gouverneur et capitaine général il en joignait souvent une autre : celle de grand bailli du Hainaut et même de souverain officier (5); celle de souverain bailli de Namur, celle de grand bailli de

---

(1) Th. Juste, ouv. cit., pour les faits. — Le serment se trouve dans P. Bor, *Nederlandsche oorlogen*, lib. XII, fol. 10.

(2) Manuscrit de Hovynes, et *Le gouvernement politique des provinces des Pays-Bas*, cités. — Buzelinus, *Gallo Flandria*, p. 479, etc.

(3) Avant Baudouin de Lannoy-Molembais il paraît que, dans la Flandre gallicante, il y eut souvent un gouverneur et un capitaine général distincts. Buzelinus, pp. 459, 506, 507.

(4) Voir les comptes de la recette générale.

(5) Le bailli de Hainaut ne prenait le titre de *grand* que depuis Philippe de Croy, comte de Chimay. Le titre de souverain officier ne devint guère usuel qu'au dix-septième siècle.

Tournai-Tournaisis. Dans ces trois pays le bailliage était un office provincial dont les origines remontaient au moyen âge et dont les prérogatives, expression de la supériorité du prince sur les communes et sur les seigneurs vassaux, étaient très-considérables (1). Cet office, plus ancien que la gouvernance, en était distinct et pouvait être occupé par un titulaire spécial. Mais, en fait, à Tournai la plupart des gouverneurs du seizième et du dix-septième siècle furent en même temps grands baillis; à Namur, en 1472 le souverain bailliage fut uni *à perpétuité* à la gouvernance; en Hainaut, enfin, les deux charges furent confiées à la même personne de 1432 à 1466, et de 1537 jusque vers le milieu du dix-huitième siècle, quoique souvent par deux patentes séparées. Le gouverneur du Hainaut était toujours gouverneur de Valenciennes, soit en vertu d'une commission spéciale, soit en vertu d'une mention expresse dans sa patente principale; il était souvent gouverneur de la citadelle de Cambrai (2).

---

(1) Sur le bailliage de Tournai-Tournaisis : les œuvres de Hoverlant de Beauwelaere, *passim* ; Chotin, *Histoire de Tournai et du Tournaisis;* Poutrain, *Histoire de la ville et cité de Tournai*, etc.; les *Bulletins de la Commission pour la publication des anciennes lois et ordonnances*, t. III, p. 192. — Sur le souverain bailliage de Namur : Galiot, *Histoire générale, etc., du comté de Namur*, t. III; de Marne, *Histoire de Namur; Annales du cercle archéologique de Namur*, t. VIII, pp. 4 et suiv. — Sur le grand bailliage du Hainaut : les *Bulletins de la Commission pour la publication des anciennes lois et ordonnances*, t. II, pp. 82 et suiv., et les sources qui y sont citées; Pinchart, ouvrage cité, pp. 5 et suiv., etc.

(2) *Gouvernement politique des provinces des Pays-Bas*, p. 94. Voir en outre, les annexes de cette notice et les sources qui y sont indiquées.

IV.

Le droit de disposer des charges de gouverneur était un de ceux que les souverains, au moins depuis 1540, eurent toujours soin de réserver à leur personne (1). Alors même que les lettres patentes des *pourvus* étaient expédiées à la chancellerie de Bruxelles, elles ne l'étaient que sur leur ordre direct ou en vertu de leur consentement exprès (2). Le gouverneur des Pays-Bas était simplement consulté dans l'occurrence. Ses instructions ne lui permettaient que de nommer des *gouverneurs provisionnels* ou de commissionner quelqu'un pour remplir une gouvernance vacante en attendant un titulaire ; et encore exigeaient-elles, pour légitimer une nomination de l'espèce, que l'on se trouvât dans un cas d'urgence (3).

---

(1) Henne, *Histoire du règne de Charles-Quint en Belgique*, t. VII, p. 126. Gachard, *Correspondance de Philippe II*, t. Ier, pp. 183, 475; t. II, p. 652 : Commissions et instructions de Marguerite de Parme, du duc d'Albe, de Requesens, et *passim* dans le texte. Wynants, *Mémoires manuscrits contenant des notions générales sur tout ce qui concerne le gouvernement des Pays-Bas*, passim ; *Bulletins de la Commission d'histoire*, 3e sér., t. VI, p. 53 : Analyse des instructions de Maximilien de Bavière. Sources citées dans les Annexes, à la suite des différents noms qui y sont mentionnés.

(2) La plupart des lettres patentes des gouverneurs pendant les règnes de Philippe II, Philippe IV, Charles II, Charles VI, Marie-Thérèse, Joseph II, etc., sont datées de Madrid ou de Vienne. Fort peu d'entre elles sont datées de Bruxelles. Voir dans la *Correspondance de Philippe II*, t. II, p. 137, une lettre fort curieuse sur la manière dont le roi traitait avec les gouverneurs généraux de la collation des lieutenances provinciales.

(3) Voir les sources citées à la note avant-dernière.

Depuis Philippe le Bon jusqu'à l'avénement de Charles VI, les gouverneurs de province, à deux ou trois exceptions près, furent tous des hommes de guerre ayant un haut rang dans le système militaire du temps (1). D'autre part, depuis Philippe le Bon jusqu'à la fin de l'ancien régime, et à moins de circonstances exceptionnelles, ils furent pris dans les rangs de la plus haute aristocratie, et même dans les rangs des chevaliers de la Toison d'or. Leur liste s'ouvre, pour ainsi dire, par ces fameux frères de Croy, dont la colossale fortune offusqua, non sans raison, Charles le Téméraire ; elle se ferme par le feldmaréchal prince de Ligne, esprit aussi brillant qu'heureux et vaillant soldat. Les noms des Nassau, Bourgogne, Egmont, Gand-Vilain, Ligne, Ligne-Aremberg, Melun, Lannoy, Lalaing, Longueval-Bucquoy, Glymes-Berghes, Croy, Mérode, etc., s'y coudoient (2). A peine y rencontre-t-on les noms de quelques gentilshommes de second ordre. Le seul *homo novus*, peut-être, qui s'y trouve inscrit, c'est ce célèbre Jean Beck, fils d'un courrier du conseil de Luxembourg, qui conquit à la pointe de l'épée et d'étape en étape sa baronnie de Beaufort et la gouvernance du duché où il était né (3).

Que ces faits ne nous étonnent pas. Avant le dix-huitième siècle, le caractère de tous les anciens offices

---

(1) On peut le constater en parcourant les Annexes de cette notice, le *Nobiliaire* des Pays-Bas à la main. De peur de trop allonger ces *listes*, je n'ai pas voulu faire mention des grades militaires.

(2) *Mémoires du duc de Saint-Simon*, édition de 1856, t. 1er, p. 10. Le hautain duc et pair trouve moyen, quoique étranger, de constater le fait que je signale à propos du gouvernement de Namur, et de l'accompagner de commentaires peu agréables pour le comte de Guiscard, nommé par Louis XIV.

(3) *Biographie nationale.*

de politique et de justice était à la fois civil et militaire (1).
D'un autre côté, toute la haute noblesse était dans les
camps et son éducation la préparait au maniement des
grandes affaires. A côté d'un brillant soldat de fortune
qui se rencontrait il y avait vingt cavaliers d'ancienne
maison possédant des titres sérieux à la confiance du pouvoir. Le système gouvernemental de la maison de Bourgogne et de la maison de Habsbourg d'Espagne était
d'ailleurs de s'appuyer sur l'aristocratie militaire : avant
Philippe II, dans le gouvernement général du pays comme
dans les provinces; après Philippe II, au moins dans les
provinces (2); et ce système était d'accord avec les néces-

---

(1) Les grands officiers, baillis, maïeurs, écoutètes, prévôts, etc , étaient
notamment les chefs militaires directs des milices féodales, rurales et
bourgeoises de leur ressort.

(2) Sous les ducs de Bourgogne, rien ne peint mieux l'influence de
l'aristocratie que la position faite aux chevaliers de la Toison d'or, frères
d'armes, confidents, censeurs et conseillers naturels du prince. Sous
Charles-Quint, on voit l'empereur ordonner, presque impérieusement, à
sa tante Marguerite d'Autriche, de ne rien traiter, « à part ny abscon-
ditement » sans l'intervention des grands : *Bulletins de la Commission
d'histoire*, 2ᵉ sér , t. V, p.54. — Sous Philippe II, la première atteinte portée
à l'influence des grands dans le gouvernement de l'État est l'institution
officieuse de la *Consulte*. Plus tard, le roi cherche à donner dans les corps
de l'administration centrale une influence prépondérante aux hommes de
robe. En 1595, la Jointe réunie par l'archiduc Ernest, et dont le travail se
trouve dans les *Actes des États Généraux de 1600*, insiste pour que le conseil d'État soit composé de grands seigneurs. Sous Philippe IV, par une
instruction secrète du 18 octobre 1632, il est question de composer de
nouveau ce conseil des premiers *cavaliers* du pays : Wynants, *Mémoires
manuscrits* cités, chap. II. Ce projet n'est pas entièrement exécuté, et un
grand nombre de nobles de second ordre deviennent conseillers d'État.
Neny, *Mémoires*, t. II, p. 95. Mais dans les provinces, sous tous les gouvernements successifs jusqu'au dix-huitième siècle, la prépondérance
appartient aux seigneurs.

sités de l'état social. Le prestige du rang était encore incontesté. Si un *homo novus,* placé dans un grand corps de l'État, participait à l'éclat dont était entouré ce corps lui-même, la splendeur d'une grande situation personnelle et héréditaire était encore indispensable à tout homme chargé de représenter directement le souverain: elle seule lui donnait une force morale suffisante pour faire plier les nombreuses sommités provinciales avec lesquelles il était journellement en contact. Au dix-huitième siècle, sans doute, l'esprit aristocratique allait lentement à son déclin (1) et l'importance de l'aristocratie militaire était minée sans relâche par le système de Habsbourg d'Autriche. Mais la tradition était établie, et les mœurs publiques exigeaient encore, au moins *ad pompam,* que de grands seigneurs fussent censés diriger les provinces.

Le souverain nommait les gouverneurs sans tenir compte de leur nationalité provinciale. Au quinzième siècle, les états de Namur, se fondant sur une charte de Philippe le Bon, et oubliant les dispositions contraires du privilége de la duchesse Marie de 1477, demandaient souvent acte de *non-préjudice* quand le prince leur envoyait un gouverneur né hors de leur territoire (2). En Hainaut une difficulté analogue se produisait parfois à l'occasion de la collation de la charge de grand bailli. Mais tous les priviléges écrits, confirmés et octroyés au seizième siècle, en

---

(1) On peut voir dans les *Documents inédits concernant l'histoire de Belgique,* t. III, des pièces intéressantes par rapport au crédit que les états accordaient aux grands seigneurs, et par rapport à la position qu'ils auraient voulu leur maintenir.

(2) *Bulletins de la Commission royale d'histoire,* 2ᵉ sér., t. VI, p. 284. — Grandgagnage, *Coutumes de Namur,* pp. 287 et 292.

(15)

vertu desquels les Flamands, les Malinois, les Namurois,
les Hennuyers pouvaient exclure les *étrangers* de l'exercice des fonctions publiques dans leur province, faisaient
exception en termes exprès pour la charge de gouverneur (1). Au surplus la tradition et la possession étaient
partout en faveur de la liberté d'action du pouvoir central;
et celui-ci n'hésitait même pas, — jadis dans des cas
exceptionnels, au dix-huitième siècle moins rarement, —
à conférer des gouvernances à des seigneurs nés hors du
territoire des Pays-Bas (2).

V.

Au quinzième siècle, les gouvernances participaient de la
nature de tous les offices de collation souveraine : elles
étaient *amovibles* et elles devenaient vacantes de plein
droit à la mort du prince qui les avait conférées (3).

---

(1) Neny, *Mémoires*, chap. 25, art. 5, 6, 7. — Faider, *Coutumes du Hainaut*, t. Ier, etc. Ces actes reconnaissent également une capacité générale
aux chevaliers de la Toison d'or.

(2) Cette dernière pratique suscita parfois des plaintes : voir les *Mémoires du feldmaréchal de Mérode-Westerloo*, pp. 225, 226; les *Actes
des États Généraux de 1600*, pp. 91, 591, 702, etc. — Pour le reste, voir
les Annexes. — Après l'arrestation du conseil d'État, en 1576, certains
gouverneurs furent nommés par les États Généraux, d'autres par les États
Généraux et l'archiduc Mathias, d'autres, enfin, par les États provinciaux
eux-mêmes. Bilderdyck, *Geschiedenis des vaderlands*, t. VII, p. 7.

(3) On peut vérifier ce fait jusqu'à un certain point par les Annexes.
Le caractère amovible des officiers au quinzième siècle est, d'ailleurs,
parfaitement connu. Voir Gachard, *Analectes belgiques*, p. 16, note 2, la
résolution prise, en 1506, par les États Généraux, à propos des officiers
nommés par Philippe le Beau, qui venait de mourir; voir encore, même
recueil, p. 259.

Il n'y avait d'exception que pour celles de Frise orientale et de Luxembourg : Maximilien avait donné la première, à titre héréditaire, au duc Albert de Saxe, et il avait *engagé* la seconde au marquis Christophe de Bade (1).

Au seizième siècle, la tradition, insensiblement transformée en principe de droit public, rendit tous les offices de collation souveraine inamovibles. Quand le souverain donna une gouvernance, il fut censé la donner à vie (2).

Ce changement, propre à maintenir et même à raviver la vie nationale des provinces, avait un inconvénient majeur. Il ne faisait plus reposer l'obéissance des gouverneurs, à l'impulsion de la souveraineté dont ils étaient les organes, que sur un sentiment de fidélité susceptible d'oblitération et de défaillances, et sur l'*ultima ratio* de poursuites criminelles souvent difficiles à intenter.

Marguerite de Parme fut déjà dans le cas de solliciter de Philippe II, mais sans l'obtenir, l'autorisation de déposer des gouverneurs désobéissants. Le roi Philippe II consulta cependant Granvelle, et plus tard le duc d'Albe, sur le point de savoir s'il ne serait pas utile de rendre les gouvernements temporaires comme l'avait jadis proposé Marie de Hongrie. Après avoir penché pour la négative, Granvelle émit l'opinion qu'il serait bon de les rendre triennaux. Le duc d'Albe, au contraire, qui avait d'abord hésité, finit par déclarer à Madrid que si les gouvernances étaient conférées *ad tempus* personne n'en voudrait plus, et que même il était impraticable de mettre des conditions à leur collation (3).

---

(1) Henne, ouv. cit., t. II, pp. 139, 241.

(2) Juste, *Les Pays-Bas sous Philippe II*, t. Ier, p. 165.

(3) Juste, *loc. cit.*; d'après les papiers d'État de Granvelle. — Gachard, *Correspondance de Philippe II*, t. Ier, pp. 501, 561 ; t. II, pp. 156, 259, etc.

Sur ce point le duc d'Albe avait compris la véritable situation des choses, et les événements lui donnèrent raison. Le roi, sans prendre de mesure absolue, essaya de conférer certaines gouvernances pour un temps limité, et d'en conférer *provisionnellement* d'autres. Il croyait par là se réserver le moyen de *tâter* ses lieutenants provinciaux, et de ne leur donner des patentes *définitives* qu'à bon escient. Il se trompa. Les circonstances du temps et la situation générale des choses ne lui permirent presque jamais de ne pas laisser en charge les personnages qu'il avait une fois nommés (1).

Il est presque superflu de le dire : le principe de l'hérédité des gouvernements ne prévalut jamais dans le droit public belge. Charles-Quint se garda bien d'imiter les exemples que Maximilien lui avait donnés. Il parvint à racheter les droits des enfants d'Albert de Saxe sur la Frise orientale; après des efforts considérables, il réussit à faire cesser l'*engagère* du Luxembourg qui avait eu pour ses intérêts, aussi bien que pour le repos du duché, de malheureuses conséquences ; et ni lui ni ses successeurs ne donnèrent plus de charge de gouverneur ni à titre d'héréditaire ni en engagère (2). La seule chose qu'on peut constater, tant au seizième siècle que jusque vers la fin de l'ancien régime, c'est une tendance marquée des gouvernances à rester dans les mêmes maisons. On voit, par exemple, un grand nombre de fils ou de neveux de gouverneurs succéder à leur père

---

(1) Voir les Annexes, et notamment ce qui concerne Noircarmes, Philippe de Lalaing, Charles de Croy, prince de Chimay en Hainaut; Meghem, en Gueldre et en Frise; Max de Rassenghien, à Lille, etc.

(2) Henne, ouv. cit., t. V, p. 140; t. II, pp. 318, 319. — *Bulletins de la Commission royale d'histoire*, 3e sér., t. Ier, p. 366.

2

ou à leur oncle. On rencontre quelques concessions de *survivances*. On voit le souverain consentir, de temps en temps, à ce qu'un gouverneur donne sa démission au profit d'un fils, d'un gendre, d'un parent. On trouve que la plupart des chefs, et même des chefs de branche des maisons de Croy, de Ligne-Aremberg, et pendant deux cents ans de la maison de Lalaing, obtinrent des gouvernements. On dirait même, en parcourant les annexes de cette notice le nobiliaire des Pays-Bas à la main, que les filles des trois grandes races, que je viens de nommer, apportaient des gouvernances dans leur corbeille de noces (1).

VI.

Si tous les gouvernements des provinces avaient à peu près le même rang, ils ne donnaient pas tous les mêmes avantages et n'étaient pas tous entourés du même éclat (2). Je ne sache pas qu'on en fît jamais un classement officiel : mais je constate que l'on regardait comme une *promotion* de passer de celui de Limbourg, « charge qui fait plus de fumée que de feu (3), » ou de celui de Tournai-Tournaisis à celui de Namur. Il n'était pas rare non plus de voir un

---

(1) A consulter les Annexes.

(2) Certains gouverneurs avaient un traitement fixe ; d'autres un traitement variable, comprenant un tantième sur les recettes judiciaires qu'ils faisaient au nom du souverain; d'autres, enfin, un traitement de caractère mixte. Je ne puis insister sur ces détails, qui m'entraîneraient trop loin.

(3) *Bulletins de la Commission royale d'histoire*, 3ᵉ sér., t. IX, p. 341. D'après les comptes de la recette générale du dix-septième siècle, les gouverneurs du Limbourg avaient un traitement de 1000 florins carolus. Le prince de Nassau, le premier, reçut un traitement global, pour toutes ses charges, de 9,000 florins.

seigneur aller, de plein gré, de Namur, ou d'Artois, ou de quelque autre province, en Luxembourg ou en Gueldre. En temps de guerre, le poste d'honneur était toujours devant l'ennemi le plus dangereux. En temps ordinaire, le gouvernement de la Hollande, à cause de son étendue territoriale, et ceux de la Gueldre et du Hainaut, à cause des prérogatives spéciales qui y étaient attachées, étaient les plus courus par les seigneurs. Il est même sans exemple qu'un cavalier ait quitté volontairement le grand bailliage du Hainaut, uni à la capitainerie générale, pour devenir représentant du prince dans quelque autre pays (1).

Je pense qu'à la rigueur le souverain avait la faculté de contraindre un gouverneur, même pourvu de patentes définitives, à accepter une gouvernance communément réputée plus avantageuse que la sienne, et dans laquelle il pouvait être plus utile. Il avait d'autre part un moyen sûr, quoique détourné, de mettre de côté un de ses représentants se montrant incapable de diriger une province ou ne répondant pas assez à ses vues : c'était de l'appeler à une haute charge de l'État, ou bien de lui donner un siége soit au conseil d'État, soit au conseil des finances (2). Dans la pratique des choses un cavalier pou-

---

(1) A consulter les Annexes.

(2) On connaît le cas du comte de Hornes, qui perdit son gouvernement de Gueldre en obtenant l'amirauté de la mer. Quand Berlaymont devint chef des finances, le roi Philippe II voulut aussi lui enlever le gouvernement de Namur, mais il finit par se rendre à ses instances et lui permit de cumuler, etc. — Il est à remarquer que la combinaison dont je parle pouvait souvent être employée sans aucun inconvénient. Tel homme se montrait insuffisant ou dangereux comme chef d'une province, qui était capable de remplir convenablement son rôle dans un collége de conseillers ou à la tête d'un service spécial.

vait difficilement refuser une promotion de l'espèce : et il dépendait du souverain seul d'admettre ou de rejeter le cumul d'une gouvernance avec toute autre charge de politique ou de guerre qui eût obligé le titulaire à résider à Bruxelles où à tenir campagne hors de son ressort. En effet, non-seulement le *cumul* était une faveur, mais les gouverneurs étaient astreints à *fixe résidence*. Ils ne pouvaient, aux termes de leurs instructions, appeler leurs administrés hors de leur ressort sinon dans des cas d'une urgence exceptionnelle et avec la permission du pouvoir central; en Gueldre ils ne le pouvaient même jamais par suite des priviléges du pays (1).

Le droit de refuser le cumul était donc, le cas échéant, une arme ou si l'on veut un instrument politique entre les mains du pouvoir central. Mais je me hâte d'ajouter qu'il s'en servait bien rarement. La plupart des gouverneurs de province furent, sans perdre leur charge, ou capitaines d'une bande d'ordonnance, ou colonels de *tercios*, ou maîtres de l'artillerie, ou généraux de la cavalerie ou de l'infanterie, ou membres du conseil d'État, ou du conseil des finances, ou dignitaires de la cour. Quelques-uns même, tels qu'Adrien de Croy, comte du Roeulx, furent *maréchaux*

---

(1) Acte de création du conseil de Luxembourg en 1531 : Miraeus, supplément, t. II, p. 1282. — *Bulletins de la Commission royale d'histoire*, 2e sér., t. V, p. 342 : Lettre de Philippe II au grand bailli du Hainaut; 3e sér., t. X, p. 571 : Lettre de l'empereur Charles VI; Instructions de Nassau-Châlons, en 1541; de Werchin, en 1541; d'Oost-Frise, en 1542; de Praet, en 1544; de Mansfeld, en 1545; de Berlaymont, en 1554; de Meghem, en 1555; d'Egmont, en 1559, etc. — En Gueldre les états faisaient parfois de la résidence du gouverneur une condition de l'accord des subsides. *Inventaire des Archives de la chambre des comptes*, t. III, p. 90.

de l'ost, c'est-à-dire commandants suprêmes de l'armée des Pays-Bas. D'autres possédèrent à la fois deux gouvernances distinctes : celles de Namur et du Luxembourg, celles de Flandre, de Flandre gallicante et d'Artois, celles d'Artois et de Tournai-Tournaisis, celles de Gueldre et de Frise, celles de Limbourg et de Gueldre, etc. (1).

VII.

Un gouverneur de province, avant d'entrer en charge, prêtait serment de fidélité au souverain en conformité du dispositif de sa commission, soit entre les mains du souverain lui-même, soit entre les mains du gouverneur général des Pays-Bas ou de quelque haut personnage délégué par ce dernier (2). Parfois le pouvoir central annonçait lui-même aux états, au conseil de justice et au magistrat de la capitale d'une province, l'arrivée d'un nouveau gouverneur (3); le plus souvent celui-ci produisait lui-même ses patentes au tribunal supérieur du ressort, ou même aux états (4), puis il se faisait solennellement recevoir et installer.

---

(1) A consulter les Annexes, le *Nobiliaire des Pays-Bas*, la collection des *Patentes militaires* aux Archives du royaume, etc.

(2) Guichardin fait allusion à ce principe d'ordre. — A consulter le texte de toutes les commissions.

(3) On trouve un certain nombre de lettres missives de l'espèce dans la collection des *Patentes militaires*, notamment aux t. XXII, fol. 357, 358, t. XXIV, fol. 68, t. XXVI, fol. 61 et 222. — Il y en a une autre, du dix-huitième siècle; dans les *Bulletins de la Commission pour la publication des anciennes lois et ordonnances*, t. II, p. 163.

(4) *Bulletins de la Commission pour la publication des anciennes lois et ordonnances*, t. II, p. 164, pour le Hainaut; Buzelinus, *Gallo Flan-*

La forme de cette installation différait d'après les traditions locales. En Gueldre, les états recevaient le nouveau représentant du prince et c'était entre leurs mains qu'il jurait de respecter les priviléges de la province et d'observer le traité de Venloo. A Namur, l'installation se faisait tantôt par les états, tantôt par le conseil de la province et par le magistrat de la ville ; et le gouverneur prêtait son serment d'abord à Saint-Aubin, puis à la citadelle. Dans la Flandre gallicante, le gouverneur était reconnu et assermenté dans la réunion des corps constitués ou, pour parler la langue politique locale, dans le *conclave échevinal* de la ville de Lille. A Tournai, il produisait sa commission aux Consaulx et se faisait installer par eux ; en Limbourg, il prêtait serment à la haute cour du duché et devant les états du pays d'observer la constitution et les coutumes de la province et de garder la religion catholique, puis il remplissait une formalité analogue dans chacun des pays d'outre-Meuse ; en Hainaut, tout grand bailli devait se faire reconnaître non-seulement à Mons, mais aussi dans les principales villes du comté ; et il était astreint à prêter partout des serments analogues à ceux que le comte prêtait à sa joyeuse entrée (1).

---

dria, p. 489, pour la Flandre française ; *Archives du conseil privé*, n° 21, pièces concernant le gouverneur prince de Nassau, pour la Gueldre ; pour Luxembourg et Namur, les Instructions de Pierre de Werchin : elles lui enjoignent de conférer avec le conseil de la province, pour savoir s'il doit, oui ou non, communiquer sa commission aux états.

(1) Sources citées à la page précédente : *Bulletins de la Commission royale d'histoire*, 2ᵉ sér., t. Iᵉʳ, p. 217 ; 2ᵉ sér., t. VI, pp. 284-285, 299, 315 ; 3ᵉ sér. t. XI, pp. 400 et suiv.; *Bulletins de la Commission pour la publication des anciennes lois et ordonnances*, t. Iᵉʳ, p. 201 ; Lacroix, *Archives du Hainaut, Inventaire des chambres*, etc., p. 73. — Notes fournies par M. Pos-

VIII.

Au quinzième siècle, selon toutes les vraisemblances, les gouverneurs avaient une délégation à peu près complète de la souveraineté. Peu à peu cette situation changea. Des traditions politiques s'établirent ; et avec une *commission*, ou des lettres patentes d'institution, le souverain donna à ses lieutenants provinciaux des *instructions* détaillées. Le plus ancien document de l'espèce, que je connaisse, est l'instruction de 1488 donnée au gouverneur engagiste du Luxembourg, marquis de Bade (1).

wick (Eugène) d'après le manuscrit n° 13778 de la Bibliothèque royale, les Archives des états de Limbourg, etc. — Voici le texte du serment prêté par les gouverneurs de Limbourg :

« Nous, ..., ayant faict vision de la patente qu'il a pleu à S. M. nous
» conférer de l'estat de gouverneur et capitaine général de la province de
» Limbourg et d'Outremeuze, jurons et promettons de maintenir la ville
» et bourgeoisie de Limbourg dans ses anciennes franchises, coustumes
» et privilèges, mener, gouverner et faire mener les bourgeois de la dite
» ville suivant l'enseignement de la haute justice du dit Limbourg, comme
» aussi maintenir les prélats, ecclésiastiques, seigneurs, nobles, officiers,
» eschevins, bourgmestres et autres subjects et inhabitants de cette pro-
» vince et pays d'Outremeuze, dans leurs anciens droits, coustumes et
» privilèges, les gouverner et faire conduire par droict et jugement des
» juctices compétentes, ensamble de défendre et protéger la ville, pays et
» province selon notre pouvoir, comme aussi de garder et faire garder
» par nous et nos domestiques la foy catholicque, apostolique et romaine.
» Ainsy nous ayde Dieu et tous ses saints. » — Voir encore Ubaghs, ouv. cit., pp. 41 et suiv.

(1) On trouve de nombreuses instructions dans le volume des Archives de l'audience que j'ai cité à la note 3 du § II, et dans le manuscrit n° 20411 de la Bibliothèque royale. On en trouve encore, pour les grands baillis du Hainaut, dans le tome II des *Bulletins de la Commission pour la publication des anciennes lois et ordonnances*, pp. 84 et suiv.

Les lettres patentes des gouverneurs étaient presque toujours conçues dans le même style, et leur dispositif changea peu du quinzième siècle à la fin de l'ancien régime. Elles marquaient les différentes charges spéciales que le souverain conférait à l'impétrant dans sa province. Elles lui prescrivaient de garder les droits, hauteurs, seigneurie et domaine du prince; de tenir en *bonne police* le pays qui lui était confié; de le défendre avec vigilance; de pourvoir à la sûreté des villes fortes et des châteaux qui s'y trouvaient, en contraignant les sujets à l'assister dans l'accomplissement de ce devoir; de préserver les sujets de toute *foulle* ou *oppression;* de faire administrer droit et justice à tout le monde; de faire, enfin, tout ce qu'un bon et léal gouverneur doit faire. Très-peu de lettres patentes entraient dans des détails plus précis (1).

Cependant, si vague que fût en général leur libellé, ces lettres, interprétées par la tradition et mises en rapport avec les précédents de la gouvernance, servaient de base principale aux rapports officiels du représentant du prince avec les corps constitués et avec les sujets de son ressort. Les *instructions,* au contraire, réglaient avant tout les rapports du gouverneur avec le pouvoir central : elles ne devaient être divulguées aux corps constitués ou aux

---

(1) On trouve des *lettres patentes* dans les sources citées à la note précédente; dans la collection des *Patentes militaires,* notamment t. Ier, p. 18, t. III, pp. 110, 113, 116, t. VI, p. 20, t. XII, p. 261, etc.; dans la collection des *Patentes d'offices* de la chancellerie des Pays-Bas, notamment au volume 120, fol. 56. La commission de Philippe de Croy (1452), grand bailli du Hainaut, se trouve dans Pinchart, ouv. cit., p. 7; celle de Guillaume le Taciturne, dans le tome Ier, p. 488, de sa correspondance publiée par M. Gachard (elle est assez explicite); celle du comte d'Egmont dans la *Correspondance de Philippe II,* t. Ier, etc.

administrés que dans les cas de nécessité. Dans la plupart d'entre elles on trouve la recommandation suivante : « il » ne divulguera ceste son instruction plus avang que le » besoing soit et les affaires le requerront (1). »

Ces instructions présentent pour le publiciste et pour l'historien beaucoup plus d'intérêt que les patentes. Elles ne laissent presque rien dans le vague. Elles tracent les termes et les limites de la délégation donnée par le prince à son représentant en province; elles précisent les pouvoirs dont il peut user ainsi que les affaires auxquelles il lui est interdit de s'entremettre. Elles vont même jusqu'à lui prescrire point par point comment il doit se conduire pour faire pénétrer partout l'action de la souveraineté et pour faire prévaloir ses aspirations. Après l'organisation des conseils collatéraux de 1531 on voit clairement que les documents, dont je parle, reflètent un système gouvernemental complet et longuement médité. Le pouvoir les jette tous dans un même moule, en se bornant à ajouter aux dispositions générales les dispositions nécessitées par les anomalies et par les circonstances locales (2).

Il n'est pas sans intérêt de signaler ce fait que les instructions données en 1559, et plus tard, par le gouvernement de Philippe II, sont presque calquées mot pour mot sur celles de la deuxième période du règne de Charles-Quint (3). On n'y trouve ni une attribution de plus, ni une attribution de moins. On constate seulement que le paragraphe concernant le maintien de la religion catholique y

---

(1) Instructions de Nassau-Châlons, Werchin; Mansfeld, Egmont, etc.

(2) Voir l'ensemble des instructions dans le volume de l'audience que jai cité.

(3) Après 1531, et surtout après 1540.

est un peu plus accentué, en ce sens que son objet est signalé comme tenant fort à cœur au Roi (1). C'est seulement au dix-septième siècle qu'on voit paraître chez le pouvoir central, et se refléter dans les instructions de l'époque, des préoccupations nouvelles. Je m'occuperai de celles-ci plus loin. Je veux montrer d'abord quelle était au seizième siècle la situation de droit public faite aux gouverneurs de province par leurs instructions, leur commission, la tradition et les précédents.

IX.

Et d'abord, dans le régime du temps, les lieutenants provinciaux du souverain prenaient rang dans les grandes cérémonies publiques immédiatement après les chevaliers de la Toison d'or (2), et ils faisaient partie du gouvernement central des Pays-Bas avec voix consultative. Plusieurs d'entre eux étaient ordinairement membres du conseil d'État ou chefs des finances. Ceux qui n'avaient ni l'une ni l'autre de ces qualités pouvaient, au gré du gouverneur général, être appelés dans le conseil d'État soit comme chevaliers de la Toison d'or, soit précisément à titre de leur gouvernance. Si dans ces cas ils n'avaient pas le droit de *délibérer*, ils étaient au moins entendus; et,

----

(1) A comparer les instructions de Hierges, en 1572, de Lalaing-Rennebourg, en 1577, de Berlaymont, en 1582, avec celles d'Egmont, Orange, Berlaymont, Oost-Frise, etc., en 1559, et avec celles de Nassau-Châlons, Werchin, Lalaing, de Praet, en 1540, 1541, 1544, etc.

(2) Voir l'abdication de Charles-Quint, les grandes réunions des États Généraux, les pompes funèbres des souverains, etc. — Voir encore *Actes des États Généraux de 1600*, Introduction; p. LXXVIII.

dans la pratique des affaires, aucune résolution importante ne se prenait en matière de politique, de finance ou de haute administration (au moins avant l'arrivée du duc d'Albe) sans que le pouvoir central s'entourât de leurs lumières et tâtât le pouls de l'opinion des provinces par leur intermédiaire (1).

Dans le *besogné* de la grande Jointe de 1595, réunie par l'archiduc Ernest pour aviser sur la situation du pays, et dont plusieurs gouverneurs firent partie, nous lisons :
« Que en choses qui touchent les affaires des provinces,
» les gouverneurs d'icelles en ont accoustumés avoir
» part : estantz evocquez au dit conseil (d'estatz) s'ilz sont
» en court ; sinon s'en confère avecq eulz par lettres et
» communication (2). »
  » Tels étaient — disait à son tour, en 1768, la Jointe des
» administrations et des subsides — tels étaient alors les
» arrangements domestiques, pour ainsi dire, du gouver-
» nement des Pays-Bas, que la première noblesse et parti-
» culièrement ces grands baillis et gouverneurs particuliers
» des provinces en étaient membres et entraient dans
» l'examen et la discussion de la plupart des affaires pu-
» bliques (3). »

Revenus dans leur ressort, les gouverneurs y étaient de droit strict les subordonnés du gouverneur général des Pays-Bas : ils étaient tenus d'obéir à son impulsion et de

------

(1) Henne, ouv. cité, t. V, p. 165. Guichardin : *Description de tous les Pays-Bas*, édition de 1582, p. 59. — Philippe II, depuis une certaine époque, évita autant que possible de créer les gouverneurs conseillers d'État en titre : voir *Correspondance de Philippe II*, t. III, p. 369.

(2) Gachard, *Actes des États Généraux de 1600*, p. 441.

(3) *Bulletins de la Commission pour la publication des anciennes lois et ordonnances*, t. II, p. 124.

se squmettre à sa surintendance (1). Ce principe était le gond principal sur lequel pivotait le système politique du temps, car, à part la subordination à laquelle ils étaient obligés, les gouverneurs étaient encore au seizième siècle, comme au quinzième, les véritables lieutenants du prince dans toute l'acception du mot. Si la variété des institutions provinciales ne se prêtait pas à ce qu'ils eussent tous une position uniforme, partout au moins, comme capitaines généraux ils dominaient l'ordre militaire, et, comme gouverneurs ou comme baillis, l'ordre civil. Partout, grâce à des attributions multiples, qui se complétaient les unes les autres sans qu'on pût les faire dériver avec précision de la gouvernance ou de la capitainerie, la plupart des attributs de la souveraineté étaient concentrés entre leurs mains. Partout une pompeuse étiquette déterminait les honneurs qu'on devait leur rendre. A l'instar des gouverneurs généraux ils avaient une garde particulière de hallebardiers, trabans (trouwanten) *gouges*, entretenue soit aux frais du domaine, soit aux frais de la province. En Hainaut le grand bailli ne tarda pas à avoir une compagnie de gardes à pied et une autre compagnie de gardes à cheval ; et, au dire d'un écrivain du dix-septième siècle, sa puissance était si grande : « que sans son entremise et » participation il n'y a presque nuls ordres ou mandements » venus de dehors et de la cour qui soient respectés dans » le conté (2). »

Dans cet état de choses on comprend que l'application du principe de la subordination des gouverneurs de province

(1) Instructions citées *passim.* — *Bulletins de la Commission pour la publication des anciennes lois et ordonnances*, t. II, pp. 84 et suiv.

(2) *Le gouvernement politique des provinces des Pays-Bas*, cité p. 91.

au pouvoir central subissait des oscillations continuelles et
que jamais elle n'était complète. Autre chose était de donner des instructions à des dignitaires forts par leur position sociale, par la nombreuse clientèle qui les entourait,
par leurs relations de famille, par leur influence de grands
propriétaires et de seigneurs terriens, par les attributions
concentrées entre leurs mains, autre chose de les faire
observer par eux à la lettre. La sincérité et la fidélité des
chefs des provinces à se soumettre aux ordres et à l'impulsion du gouverneur général dépendaient un peu de leur
caractère personnel, beaucoup des circonstances extérieures
et du caractère ainsi que de l'attitude du gouverneur général lui-même. Sous Marie de Hongrie, par exemple, les
gouverneurs marchaient avec assez de docilité dans la voie
que la cour leur traçait. Sous Marguerite de Parme, au contraire, ils obéissaient dans la mesure de leur convenance :
au point que Granvelle croyait indispensable de changer
leurs instructions, c'est-à-dire de réduire leurs pouvoirs,
pour les remettre dans la position qu'ils avaient eue sous
Marie de Hongrie (1). Pendant l'administration du duc
d'Albe, de nouveau, ils ne faisaient aucune difficulté pour
se soumettre à la direction qui leur était donnée ni pour
rendre compte de leurs agissements (2). Il en était de même
quand Farnèse eut repris entièrement la haute main sur la
direction des affaires dans les Pays-Bas méridionaux. Mais
je n'insiste pas sur un fait qui ressort à l'évidence de l'histoire politique du seizième siècle. Pénétrons plutôt dans le
détail ; et, avant de parler des pouvoirs de l'ordre politique
et civil que les gouverneurs avaient dans leur province,

---

(1) Gachard, *Correspondance de Philippe II*, t. Ier, p. 561.
(2) *Idem*, t. II, p. 239.

parlons de leurs pouvoirs dans l'ordre militaire. Ceux-ci, on le comprend sans peine, servaient de soutien, ou si l'on veut de sauction, à ceux-là. Ils plaçaient la force pour contraindre à côté du droit de commander. Dans les idées de l'époque je pense même qu'ils passaient avant les autres, pour être entourés de plus de prestige et d'éclat, et pour être plus illimités.

X.

Dans l'organisation militaire du seizième siècle, un gouverneur avait sous sa surintendance et sous ses ordres toutes les troupes sédentaires ou mobiles cantonnées ou rassemblées dans son ressort : les bandes d'ordonnance, les « souldoyers réguliers, » les milices féodales et municipales, les levées du plat pays. Il en était le chef suprême quand ni le gouverneur général des Pays-Bas, ni le *maréchal de l'ost,* quand il y en avait un, n'étaient sur les lieux. Il était responsable de la sûreté de sa province ainsi que de celle des villes fortes et des châteaux qui y étaient situés. En conséquence il disposait parfois de la capitainerie des places de guerre et d'une foule de charges de milice; et partout il pouvait contraindre tous les chefs de guerre à lui montrer leur commission, à le reconnaître pour chef et à lui obéir dans l'accomplissement de sa charge.

Le gouverneur avait la police militaire des routes et des rivières navigables, et le cas échéant, le droit de faire visiter le charroi ou les bateaux qui les fréquentaient, de faire rompre les chemins, ponts et passages, de faire barrer les cours d'eau. Le plus souvent, soit en vertu de ses patentes, soit en vertu d'une commission spéciale, il était capitaine ou châtelain immédiat de la principale citadelle du pays : en Flandre de celle de Gand ; en Hainaut de celle de Valenciennes; à Tournai, à Luxembourg du château qui dominait la ville; en Limbourg du château de Limbourg ou de celui de Fauquemont. Il avait ses entrées dans toutes les places de guerre, grandes ou petites, et pouvait y exercer la police militaire, y donner le mot du guet et souvent exiger les clefs des portes. S'il n'avait pas la faculté de décréter et de faire exécuter *proprio motu* des *travaux de défense extraordinaires*, il était obligé, aux termes de ses instructions, de maintenir en bon état de réparations les fortifications des places et des châteaux dans les limites des ordonnances générales rendues sur la matière. Il avait charge de veiller à ce que les places de guerre fussent convenablement armées et approvisionnées (1). Il devait entretenir dans chacune d'elles (2) une garnison de *piétons réguliers* et l'y maintenir à demeure pour parer à toute surprise, sans pouvoir l'employer à un service mobile fût-ce même à sa garde personnelle. D'autre part il distribuait les garnisons aux troupes mobiles cantonnées dans sa province et pourvoyait à leur logement en s'entendant avec les villes et avec les communautés (3).

---

(1) En entrant en charge, les gouverneurs faisaient ordinairement un rapport au pouvoir central sur cet objet ; et c'était sur leurs indications que le pouvoir central ordonnait les travaux de fortification extraordinaires. Voir les instructions de certains gouverneurs au seizième siècle, et Gachard, *Actes des États Généraux de 1600*, p. 433.

(2) Les seigneurs feudataires étaient, à titre de service de fief, tenus de recevoir garnison dans leurs châteaux en temps de guerre. Le gouverneur de la province avait, le cas échéant, à les requérir de prester leur obligation.

(3) Les États Généraux de 1600 et de 1632 insistaient beaucoup sur le maintien de cette règle, car, quand elle était méconnue, le plat pays était en proie aux exigences arbitraires des commandants de troupe. *Actes des États Généraux de 1600*, pp. 429, 553, 696, etc ; *Actes des États Généraux de 1632*, p. 559, etc.

Le gouverneur disparaît du *clockslag* au nom du souverain : c'est-à-dire qu'il lui appartenait d'appeler aux armes, au son du tocsin, les nobles et même tous les sujets sans distinction de condition, en cas d'urgence, soit pour pourvoir à un danger intérieur, soit pour défendre le sol national contre l'étranger. Quand le pouvoir central jugeait nécessaire de rassembler les milices féodales, bourgeoises, rurales, chaque gouverneur procurait ce rassemblement, dans sa province, par l'intermédiaire des grands officiers de justice. Ces milices sortaient-elles du ressort, c'était lui qui les commandait en chef. L'armée avait-elle besoin de pionniers, c'était lui encore qui veillait à ce que les communautés les livrassent. Il n'y avait pas jusqu'aux levées de « souldoyers réguliers » qui se faisaient sous l'influence et à l'intervention des capitaines généraux des provinces. Ou bien le pouvoir central chargeait directement ces personnages de procurer les levées dans leur ressort « aux moindres frais possibles (1); » et alors ils délivraient eux-mêmes des commissions de recrutement. Ou bien, si les commissions des chefs de guerre étaient délivrées à Bruxelles, c'étaient au moins les capitaines généraux qui en surveillaient la mise à exécution, qui faisaient proclamer les revues d'enrôlés, et qui souvent assistaient à celles-ci avec les *commissaires aux montres* (2).

---

(1) Presque toutes les instructions du seizième siècle contiennent la clause suivante : « Quand on lui mandera de faire lever des troupes, il le » fera aux moindres frais possibles. »

(2) Pour l'ensemble : *Bulletins de la Commission royale d'histoire*, 1re sér., t. XI, pp. 209-210 ; 2e sér., t. VI, pp. 275, 280, 281, etc., t. II, pp. 269, 314, 316, 317, 285, 286, etc., 3e sér., t. VIII, p. 442. — *Publications de la Société pour la recherche des monuments historiques du Luxembourg*, t. X, pp. 96 et suiv. — *Annales de la Société archéologique de Namur*, t. VIII. — Henne, ouv. cit., t. III, pp. 37, 183, t. IV, p. 220. — Instructions de

Les gouverneurs avaient encore une juridiction criminelle d'une certaine étendue sur plusieurs catégories de
gens de guerre. Ils avaient charge de prêter main-forte aux
justiciers ordinaires de l'armée, et surtout aux prévôts des
maréchaux (1). Enfin, en temps de guerre, ils dirigeaient
en maîtres les opérations défensives ou offensives qui se
faisaient dans leur ressort ou à leurs frontières, à moins
que le souverain, le gouverneur général du pays ou le
maréchal de l'ost ne vinssent prendre en personne le commandement (2).

XI.

En abordant maintenant l'examen de la position politique et civile des gouverneurs de province, je veux constater d'abord que ces personnages étaient les gardiens

---

Bernard de Bade, de 1528; de Nassau-Châlons, de 1540; de Werchin, de
1541; d'Oost-Frise, de 1542; de Lalaing, de 1544; de de Praet, de 1544;
de Mansfeld, de 1545; de Berlaymont, de 1554; de Meghem, de 1555;
d'Egmont, de 1559; d'Orange-Nassau, de 1559; de Berlaymont de 1582, etc.
Buzelinus, *Gallo Flandria*, p. 489. — Sohet, *Instituts de droit,* liv. I,
titre XXXVI, chap. III.

(1) *Bulletins de la Commission royale d'histoire*, 2e sér., t. II, p. 278. —
De Robaulx de Soumoy, *Étude historique sur les tribunaux militaires.* —
Quelques commissions de gouverneurs insistent en termes exprès sur cette
juridiction, entre autres, celle du gouverneur de Tournai du 3 juillet 1656.
— Les États Généraux de 1600 insistèrent beaucoup sur le maintien de
cette juridiction des gouverneurs et sur son exercice sérieux : voir *Actes des
États Généraux de 1600*, pp. 405, 452, 682, 683, 426, 465, 532, 695, etc.

(2) Henne, ouv. cit., t. III, p. 177. — Général Guillaume, *Histoire de
l'organisation militaire sous les ducs de Bourgogne*, p. 140, etc. — On
peut consulter, au surplus, le détail de l'Histoire militaire du seizième
siècle. — Peut-être quand le souverain rassemblait une armée, dans un but
spécial, dans une province, le gouverneur n'en était-il capitaine général
qu'en vertu d'une commission particulière : voir Gachard, *Analectes belgiques*, p. 19, note 1.

5

suprêmes des droits, hauteurs et souveraineté du prince (1),
et qu'ils étaient les agents responsables du maintien de
l'ordre, de la paix, et de la tranquillité publique dans leur
ressort. L'exposé rapide de la mission qui leur incombait,
en cette double qualité, me servira de transition naturelle
entre ce que j'ai déjà dit et ce qui me restera à dire. En
effet, c'est pour remplir cette mission dans toute son
étendue, qu'il leur importait surtout d'avoir les armes à
la main.

Les gouverneurs veillaient à la sûreté des chemins, et
défendaient les marchands et les sujets de toute *foulle ou
oppression* soit de la part des hordes de vagabonds, soit de
la part des soldats débandés ou licenciés qui *travaillaient*
périodiquement le pays (2). Ils devaient comprimer, au
besoin, l'esprit turbulent de la noblesse des campagnes
et, surtout dans les provinces éloignées du centre, pourvoir par des mesures énergiques à ce que les rivalités
et les querelles de gentilshommes ne dégénérassent pas en
guerres privées (3). Ils avaient charge de pourvoir à ce
« qu'aucun, de quelqu'état ou condition que ne soit, face
» aucun fors en leur gouvernement ou augmente nota-
» blement les fors y estans, » sans le consentement du

---

(1) C'était le dispositif de leurs *commissions;* je l'ai déjà dit. Leurs instructions s'exprimaient dans le même sens. Voir, en outre, Buzelinus,
ouv. cit., pp. 489 et *passim.*

(2) En Flandre le *souverain bailli,* dans les autres provinces le prévôt
de l'hôtel, en Brabant le drossart du duché, avaient une mission analogue.

(3) Comte de Villermont: *Ernest de Mansfeld.* — On trouve dans cet
ouvrage des détails fort curieux sur les mœurs de la gentilhommerie provinciale, encore au commencement du dix-septième siècle, et sur ses
relations avec les gouverneurs. Les officiers de justice ordinaires avaient
peu d'action sur les grands seigneurs.

souverain ; et de faire combler les fossés creusés et démolir les constructions élevées en contradiction des ordonnances princières ou des priviléges locaux (1). C'était à eux d'empêcher les rassemblements de gens de guerre formés sans permission du prince ou de ses agents, et de les disperser de force avec l'aide des nobles et des autres sujets : « tenant tousjours bon regard que les commence- » ments sont plus facilement à remédier que quand les » violences sont passées plus oultre (2). » C'était à eux , dans l'effervescence des hérésies du seizième siècle, de surveiller et de disperser les conventicules et les assemblées de religionnaires défendues par les placards (3). Qu'une ville semblât vouloir sortir de la fidélité due au prince du pays, le gouverneur de la province avait mission de la rappeler au devoir et , le cas échéant, de la maintenir par la force et par une occupation militaire. Qu'une insurrection locale menaçât de s'étendre, il devait induire les villes encore fidèles à recevoir une garnison , et empêcher leur défection par son adresse ou par son énergie. Qu'un sujet puissant se rendît coupable de haute trahison ou machinât quelque grave complot, il avait l'obligation de s'assurer de sa personne, soit directement, soit par l'intermédiaire des officiers de justice, et de mettre ses biens sous le séquestre

---

(1) Le terme de fortifications *contraires aux priviléges* se trouve dans les instructions du gouverneur de Frise.

(2) Instructions citées, et *Correspondance de Philippe II*, t. II, pp. 623, 629, etc.

(3) Instructions citées et *Correspondance de Philippe II*, t. II, pp. 568, 606, etc. — Buzelinus, *loco citato*. — *Bulletins de la Commission royale d'histoire*, 2me série, t. VIII, p. 134, Circulaire du duc d'Albe aux gouverneurs.

de la puissance publique (1). Qu'un gentilhomme s'avisât d'en appeler à son épée et à ses paysans pour venger ses injures, il avait le droit de l'interner et de lui infliger des arrêts (2).

Dans un ordre plus pacifique, mais toujours comme gardiens des droits et des intérêts de la souveraineté, les gouverneurs, ou par eux-mêmes ou en donnant l'impulsion aux officiers locaux (3), empêchaient les seigneurs particuliers, propriétaires et engagistes, d'empiéter sur les droits régaliens, et les contraignaient à se soumettre au *clockslag* et aux *aides* (4). Ils pourvoyaient à ce que les états ne sortissent pas de leur rôle, à ce que les villes n'étendissent pas leurs priviléges au détriment de l'autorité du prince. On ne manquait pas de leur enjoindre, notamment en Hollande et en Flandre, de mettre obstacle à ce que dans les lieux où la *loi se renouvelait librement* par le souverain, il se formât des coutumes restrictives de son droit (5). Partout ils veillaient à ce que les droits régaliens ou domaniaux ne fussent aliénés que sous forme de lettres patentes délivrées par le conseil des finances. Ils prêtaient main-forte aux receveurs des tonlieux et aux autres receveurs des revenus du prince; surveillaient ces

---

(1) Voir l'histoire du seizième siècle depuis les troubles de Gand jusqu'à la fin du gouvernement de Farnèse. La notoriété des faits me dispense encore une fois d'entrer dans les détails.

(2) *Ernest de Mansfeld*, t. Ier, *passim*.

(3) Maïeurs, ammans, baillis, prévôts, châtelains.

(4) Ce dernier point était particulièrement recommandé aux gouverneurs de Limbourg, parce que dans leur ressort il y avait de grandes seigneuries engagées dont les possesseurs visaient à une complète indépendance.

(5) Instructions de Nassau-Châlons, de Praet, Bourgogne, Egmont, etc.

mêmes agents et avertissaient le pouvoir central des abus
qu'ils remarquaient dans leur gestion; les soutenaient, eux
et les gens de la chambre des comptes, dans les occasions
où il y avait moyen d'accroître le *domaine* (1).

En Hollande on leur recommandait d'avoir l'œil aux
atterrissements, aux alluvions, aux relais des fleuves, des
rivières, de la mer, et d'en prendre possession au nom du
comte; en Hollande et en Flandre, de surveiller les officiers préposés aux *dicaiges* et de signaler au gouverneur
général ceux qu'ils trouveraient négligents à remplir leurs
fonctions (2); en Frise, d'empêcher l'émigration des
hommes de Saint-Martin (Sinte-Martens hoerichluden) et la
vente de leurs biens; de pourvoir au reboisement des
frontières « ten eynde dat die nabueren daer op niet en
» treden off cenige possessie crygen, » de garder tous les
droits du seigneur dans l'Yssel (3).

Les instructions du gouverneur de Limbourg lui prescrivaient de veiller aux empiétements continus que se
permettait la ville d'Aix-la-Chapelle, mais sans rompre
avec elle les rapports de bon voisinage. Elles lui faisaient
cette recommandation qui aurait été sans objet dans les
autres provinces : « Ne souffrira aussy qu'aucun forge de
» la monnaie ès limites de son gouvernement. » Elles le
chargeaient de surveiller de près les fermiers de la *calamine*, d'avertir le pouvoir central s'ils méconnaissaient les
clauses de leur contrat et si, ne se contentant pas d'extraire du charbon pour les besoins de leur industrie, ils
se permettaient d'en extraire soit pour la vente, soit pour

---

(1) Instructions des gouverneurs citées, Buzelinus, *loco citato*.
(2) Instructions de Nassau-Châlons, de Praet, Egmont, etc.
(3) Instructions de Max d'Egmont en 1540, de Jean de Ligne en 1549, etc.

un usage extraordinaire. Elles l'invitaient même à s'infor-
mer de la valeur marchande de la *calamine* pour que le
renouvellement du contrat avec les exploitants se fît sur
un pied avantageux pour le domaine; et à faire rechercher
si l'on ne pourrait empêcher les eaux de noyer les mines
de plomb du pays et trouver un moyen de tirer parti de
celles-ci (1).

Il arrivait que certains gouverneurs reçussent, à raison
des circonstances du temps, des missions fort délicates.
C'est ainsi, par exemple, que les instructions de René de
Nassau-Châlons et celles du seigneur de Praet, gouverneurs
de Hollande sous Charles-Quint, les engageaient à tenir
la main : « pour avecque le temps practiquier quelqu'im-
» pôst gracieux au prouffit de l'Empereur, des marchan-
» dises qui sortent d'Amsterdamme (2). »

XII.

En dehors des attributions et des pouvoirs dont je viens
de parler, les gouverneurs de province avaient une mission de politique internationale; ils étaient dans leur ressort les grands moteurs de la politique intérieure et les
agents directs du pouvoir central; ils avaient la haute main
sur l'administration de la justice; ils avaient des relations
fréquentes avec les états; ils conféraient, au nom du

---

(1) Instruction du comte d'Oost-Frise. — Sur les débats relatifs à la
propriété de la *calamine* entre les ducs de Limbourg et la ville d'Aix-la-
Chapelle, voir Ernst, *Histoire du Limbourg*, t. Ier, pp. 97 et suivantes.
Les comptes de la recette générale du Limbourg fournissent des détails
intéressants sur la *calamine* au quinzième et au seizième siècle.

(2) Voir leurs instructions.

prince, une foule de magistratures et d'offices. Je vais les suivre pas à pas dans les phases multiples de leur rôle.

Comme agent de politique internationale, un gouverneur devait entretenir et faire entretenir par ses subordonnés de bons rapports avec les princes étrangers dont les territoires touchaient au sien; se tenir au courant de leur politique et de leurs agissements; avertir le pouvoir central des faits graves qui se passaient, des bruits qui couraient, des projets qui se tramaient aux frontières; régler et au besoin interdire les relations commerciales des regnicoles avec les peuples voisins. Ses instructions ne manquaient pas non plus de l'inviter à demeurer en relations bienveillantes avec les gouverneurs nationaux limitrophes (1).

Tous les gouverneurs, sauf celui de Flandre, étaient dans leur ressort les agents directs et immédiats de la transmission des ordres du pouvoir central (2). Ils publiaient les placards qui leur étaient envoyés de Bruxelles et les faisaient publier par les officiers locaux dans les villes et dans les communautés du pays. Ils procuraient, selon les exigences du temps, la publication réitérée des ordonnances anciennes qui menaçaient de tomber en désuétude (3). Ils faisaient des placards locaux et provinciaux

---

(1) Instructions citées, *passim*.

(2) Ubaghs, *ouv. cité*, p. 41; *Bulletins de la Commission royale d'histoire*, 2ᵐᵉ série, t. VI, pp. 277, 278, etc.; t. VIII, pp. 27, 39, etc.; *Annales de la Société archéologique de Namur*, t. VIII. — Comme je le dirai plus loin, ils devaient, comme agents de transmission, agir de concert avec les conseils de justice. — Voir tous les mandements d'exécution dans les collections de placards.

(3) *Bulletins de la Commission royale d'histoire*, 2ᵐᵉ série, t. VIII, p. 23, etc.; t. XII, pp. 90, 99 et suivantes; 3ᵐᵉ série, t. X, p. 370. — Le gouvernement central transmettait parfois des ordres directs à *une* ville, à *un* corps, etc.

quand le pouvoir central lui en donnait l'ordre. Ils pouvaient même, dans certaines circonstances, user du droit de *ban,* c'est-à-dire faire des ordonnances avec sanction pénale *proprio motu.*

En Gueldre et en Hainaut, et surtout en Hainaut, le pouvoir édictal du stadthouder et du grand bailli était des plus étendus (1). En Flandre, le conseil de justice du ressort agissait seul comme agent de transmission et de publication, le gouverneur n'avait qu'un simple droit de *ban* (2).

Comme représentants directs du souverain et comme moteurs suprêmes de la politique intérieure, tous les gouverneurs avaient le droit absolu de mander devant eux les magistrats, les officiers civils, les seigneurs, les nobles, les sujets de toute condition du ressort, de leur donner une impulsion, de les contraindre à obéir « en toutes choses » honnêtes et raisonnables, » et bien entendu dans les limites des droits de la souveraineté reconnus par les institutions nationales (3). Ils pouvaient enjoindre aux

---

(1) Gachard, *Correspondance de Philippe II*, t. II, pp. 580, 598, etc. — *Bulletins de la Commission pour la publication des anciennes lois et ordonnances*, t. II, p. 94 et suivantes; les chartes de Hainaut. — *Bulletins de la Commission royale d'histoire*, 2ᵐᵉ série, t. XII, pp. 97 et suivantes, pour Tournai, etc.

(2) Sur la publication des placards en Flandre, voir la *Collection des placards de Flandre.*

(3) Instructions de Nassau-Châlons, Werchin, Oost-Frise, Lalaing, de Praet, Mansfeld, Berlaymont, Egmont, etc. — *Bulletins de la Commission royale d'histoire*, 2ᵐᵉ série, t. VIII, pp. 40, 41. — En Limbourg, les quatre hauts drossarts devaient obéir au gouverneur en matière d'administration et de politique, mais le gouverneur devait leur laisser une grande indépendance en matière judiciaire : Instruction du comte d'Oost-Frise. Les états de Limbourg disaient en 1600 : « Le gouverneur adoncq est » chieff des officiers ayant maniance des affaires politiques : » *Actes des États Généraux de 1600*, p. 593. — Les états des autres provinces auraient pu dire la même chose de leur lieutenant provincial.

magistrats des communes de dresser des ordonnances en rapport avec les nécessités du moment; prendre des mesures générales ou locales pour la circulation monétaire ou pour la police des marchés (1); et, dans certaines provinces, notamment en Hainaut, à Namur, à Luxembourg, faire des règlements d'administration pour les communautés du plat pays et pour une foule de personnes morales (2). Dans le comté de Namur le magistrat des villes n'avait pas la faculté de promulguer des ordonnances politiques sans le consentement préalable du gouverneur et du conseil de la province (3). En Hainaut, conformément à une charte de 1428, donnée par Jacqueline de Bavière, le magistrat de Mons devait faire approuver non-seulement par le prévôt, mais encore par le grand bailli, les édits et les règlements qu'il faisait (4).

Les gouverneurs étaient, avec les conseils de justice, les instruments principaux au moyen desquels la puissance temporelle prêtait aide et protection à l'Église catholique. Ils avaient charge expresse, tant sous Charles-Quint que

---

(1) *Bulletins de la Commission royale d'histoire*, 1re série, t. XI, pp. 370 et suivantes; 2me série, t. VIII, p. 53. — Gachard, *Rapport sur les Archives de Lille*, p. 420. — Henne, *ouv. cit.*, t. VII, p. 126.

(2) Hainaut, *Bulletins de la Commission pour la publication des anciennes lois et ordonnances*, t. II, pp. 94, 143, etc. Le fameux règlement de Soignies, qui servait à l'assiette des impôts dans le comté, était signé par le grand bailli, prince de Berghes. — Namur, *Annales de la Société archéologique de Namur*, t. VII, p. 253, etc. — Luxembourg, *Acte d'érection du conseil de Luxembourg*; Miræus, *Supplément*, t. II, p. 1282. — Il est à remarquer qu'à Namur et au Luxembourg, le pouvoir réglementaire devait s'exercer par le gouverneur de concert avec le conseil. J'insisterai plus tard sur ce point. — Sohet, *ouvr. cité, loc. cit.*

(3) Grandgagnage, *Coutumes de Namur*, p. 301. Privilége de Maximilien de 1511. — *Annales de la Société archéologique de Namur*, t. VIII, pp. 5 et 370.

(4) Pinchart, *ouv. cit.*, pp. 30, 31.

sous-Philippe II, de faire extirper les sectes et de maintenir la religion. Lors de la publication des décrets du còncile
de Trente et du synode provincial de Cambrai, ils reçurent
avec les conseils l'ordre de prêter main-forte aux évêques
pour l'exécution de ces actes, en tant que l'intervention du
bras séculier pouvait être nécessaire (1).

Dans toutes les provinces les lieutenants du prince
avaient mission de faire prévaloir, dans la mesure du possible, les aspirations de la souveraineté, de grandir son
action, d'assurer son influence, d'exercer sa tutelle dans
toutes les sphères où elle prétendait intervenir. C'est ainsi,
par exemple, que leurs instructions leur ordonnaient :
d'empêcher les seigneurs de se porter comme protecteurs
des cloîtres, communautés, villes, abbayes, et de veiller à
ce que ces personnes morales ne réclamassent aucun défen-
seur spécial autre que le prince ou son lieutenant (2); de
procurer l'exécution des édits qui subordonnaient à certaines conditions la validité des acquisitions immobilières
faites par les gens de mainmorte (3); d'avertir le pouvoir
central dès qu'ils verraient poindre des dissensions intes-
tines dans une ville ou dans une communauté rurale, ou
des rivalités entre les villes, pour que le souverain pût
intervenir à temps; de mettre obstacle à ce que les villes

---

(1) Instructions citées, *passim*. Commission du prince de Nassau-
Siegen pour la Gueldre ; *Bulletins de la Commission royale d'histoire*,
2me série, t. VIII, p. 47; t. V, p. 342. — Gachard, *Correspondance de
Philippe II*, passim. — Lettres de Marguerite de Parme aux gouverneurs
et aux consaulx sur la publication du conseil de Trente; d'Albert et d'Isabelle sur le synode de Cambrai, etc. — Sohet, ouvr. cité, *loc. cit.*

(2) Instructions citées, *passim*.

(3) *Idem* et Henne, *ouv. cit.*, t. II, p. 118. — Il s'agit ici du célèbre
édit de 1520.

ou les communautés fissent des emprunts, chargeassent leurs biens ou levassent des impôts sans *octroi* de la souveraineté (1).

Dans le Namurois, le gouverneur assistait comme commissaire du souverain à la reddition des comptes de la capitale du comté et d'un certain nombre de personnes morales; en Frise, il intervenait à la reddition des comptes municipaux avec le receveur général du pays; en Flandre, il y intervenait aussi en qualité de *commissaire* spécialement désigné, et de concert avec trois ou quatre collègues que la cour lui donnait; en Hainaut, en Hollande, il nommait les commissaires préposés au nom du prince pour *couler ces comptes;* en Hollande et en Flandre, il avait charge expresse, dès le seizième siècle, d'y faire retrancher toutes les dépenses superflues, dépenses que les villes avaient une véritable propension à faire (2).

A Tournai, les règlements portés par Charles-Quint contraignaient le magistrat à appeler dans son sein le gouverneur et le grand bailli pour la décision des affaires importantes, en attribuant trois voix au premier et deux voix au second. Si les deux charges étaient réunies sur une

---

(1) Instructions citées, *passim;* Gachard, *Mémoires sur la législation des octrois*, passim. — Pour le Hainaut : Lacroix, *Mémoire sur l'ancienne législation du Hainaut*, etc. — *Bulletins de la Commission pour la publication des anciennes lois et ordonnances*, t. II, p. 94, etc.

(2) Instructions de Nassau-Châlons, Berlaymont, Egmont, Ligne-Aremberg, etc. — *Annales de la Société archéologique de Namur*, t. VIII, pp. 195 et suivantes. — *Bulletins de la Commission royale d'histoire*, t. VIII, pp. 195 et suivantes; *Bulletins de la Commission pour la publication des anciennes lois et ordonnances*, t. II, p. 159, n° 58, etc. Voir dans l'*Inventaire des archives d'Ypres*, plusieurs patentes de commissaires pour renouveler les lois et entendre les comptes des villes.

même tête, leur titulaire disposait de cinq suffrages et, en fait, il était en situation de dominer l'assemblée (1). En Flandre, le gouverneur n'intervenait pas de droit aux délibérations des magistrats communaux; mais les villes prétendaient parfois qu'il était de son devoir de leur donner conseil dans les circonstances difficiles (2).

XIII.

Dans un état social où le pouvoir judiciaire était loin d'être un pouvoir indépendant, même en théorie (3), l'action qu'exerçaient les gouverneurs de province sur l'administration de la justice se rattachait par bien des liens à leur mission politique. En vertu de leurs instructions, ils avaient tous charge de procurer droit et justice à quiconque le demandait, par le moyen « des juges et officiers à ce ordonnés (4) » et en respectant les priviléges locaux « si avant que ceux-ci étaient en usage; » de garder et de faire garder étroitement les édits, ordonnances et placards, par les magistrats, gens de loi et officiers, auxquels il incombait de les appliquer dans l'exercice de la judica-

---

(1) Henne, *ouv. cit.*, t. II, p. 426. — *Bulletins de la Commission royale d'histoire*, 1re série, t. XI, pp. 337 et suivantes. — Gachard, *Documents inédits relatifs à l'histoire de Belgique*, t. II, Rapport sur les Archives de Tournai.

(2) Henne, *ouv. cit.*, t. IV, p. 71; voir un exemple remarquable se rattachant aux troubles de Gand sous Charles-Quint.

(3) On peut s'en convaincre en parcourant les écrits des jurisconsultes et des praticiens belges du seizième et du dix-septième siècle.

(4) La commission du *souverain bailli* de Flandre, au moins au seizième siècle, lui attribuait une mission analogue: *Mémoires de Jean de Dadizeele*, publiés par la Société d'Émulation; Annexes, p. 42.

ture (1); de pourvoir à l'exécution effective des sentences des tribunaux de leur ressort, « sans permettre que par le » manquement de ce la justice vienne à cesser (2); » de prêter au besoin main-forte militaire aux exécuteurs des sentences aussi bien qu'aux porteurs de mandats judiciaires (3). D'autre part, il leur était défendu de suspendre le cours de la justice, d'évoquer devant leur personne les affaires pendantes soit à un tribunal inférieur, soit au conseil de la province, de contraindre les parties, *qui n'y consentaient pas*, à plaider devant des commissaires nommés par eux (4). On ne saurait douter cependant que les gouverneurs, sans suspendre le cours de la justice, intervinssent parfois, par des suggestions ou par des ordres directs, dans les délibérations des tribunaux, soit au nom de la raison d'État, soit pour répondre aux avances que les magistrats eux-mêmes leur avaient faites. C'était l'esprit de l'époque, surtout dans les matières politiques : et rien n'était plus naturel que de voir le représentant du prince faire *proprio motu* dans sa province ce que le pouvoir central fai-

---

(1) Instructions citées, *passim.* — *Bulletins de la Commission royale d'histoire*, 2me série, t. VIII, pp. 23, 24, 39, 40, 47, etc. — *Annales de la Société archéologique de Namur*, t. VIII, p. 2, etc. — Ubaghs, *ouv. cit.*, p. 41.

(2) « Ainsy qu'on est accoustumé auxdits pays, particulièrement de Limbourg, » ajoutaient les instructions du comte d'Oost-Frise.

(3) Instructions citées. Leclercq, *Coutumes du Luxembourg*, t. II, p. 223; dans les cas graves le gouverneur de la province exécutait les sentences du siége des nobles.

(4) Instructions citées. Elles faisaient parfois une exception pour l'évocation dans le cas où « qu'il n'y eust chose d'inconvénient qui ne puist » souffrir, » et alors elles voulaient que le gouverneur avertît incontinent le pouvoir central.

sait parfois lui-même sur toute la surface du territoire (1).

Les gouverneurs s'érigeaient souvent en *arbitres*, entre les puissants personnages de leur ressort, dont les querelles judiciaires auraient eu des conséquences politiques, ou entre lesquels il importait au pouvoir de maintenir l'union et la bonne entente (2). Enfin, abstraction faite de la *surintendance générale* sur le fait de la *justice*, dont j'ai parlé plus haut, la plupart d'entre eux participaient d'une manière régulière et normale à l'exercice de la juridiction et parfois même à plusieurs titres différents.

En Luxembourg, en Gueldre, à Namur, en Artois, en Hollande, en Frise, le gouverneur était le véritable chef du conseil de *robe longue* de la province. Quoique homme d'épée avant tout, il y avait ses entrées avec présidence, droit de semonce et voix délibérative. Quand il siégeait, c'était lui qui mettait les affaires aux voix; on délibérait en sa présence; c'était à lui qu'il appartenait de conclure à la majorité des suffrages sans qu'il pût empêcher personne de voter; tous les actes et arrêts du conseil étaient faits et rendus en son nom et au nom du président et des gens du conseil collectivement (3).

---

(1) C'est un fait établi que cette intervention du pouvoir souverain dans l'administration de la justice pendant l'ancien régime. Je me permettrai de renvoyer seulement aux preuves que j'ai recueillies dans le *Mémoire sur le droit pénal dans le duché de Brabant depuis l'avénement de Charles-Quint jusqu'à la réunion de la Belgique à la France*, que l'Académie a bien voulu couronner.

(2) *Actes des États Généraux de 1600*. Les états du Limbourg disaient de leur gouverneur : « Souvent appoincte les parties en leurs diffé-
» rents. »

(3) Instructions des gouverneurs de ces provinces. — Celles du gouverneur de Luxembourg sont un peu en contradiction avec l'acte d'érection du conseil provincial qui donne au président, même en présence du

En Gueldre et en Frise, le conseil ne pouvait expédier aucune affaire importante sans avertir le *stadthouder*, présent dans la province, et sans l'attendre s'il désirait assister à la délibération. Quand le stadthouder était hors de son ressort, le conseil devait encore l'avertir, mais non l'attendre, ni suspendre le cours de la justice (1).

A Namur et en Luxembourg, il était marqué en termes exprès dans les instructions du gouverneur que les président et gens du conseil leur devaient soumission et révérence. Mais, en revanche, il y était stipulé que sous aucun prétexte le gouverneur ne pouvait enlever les sceaux au président (2).

Dans la Flandre gallicante, le gouverneur était chef des *siéges de la gouvernance* établis à Lille et à Douai; à Namur, du souverain bailliage du comté, juge privilégié des nobles; à Tournai, au moins quand il était grand bailli, du bailliage provincial, juge ordinaire du plat pays, et juge privilégié des cas royaux dans la ville. Comme tel il présidait le tribunal quand il l'entendait, et avait en même temps des attributions d'officier criminel fort étendues dans tout le ressort (3).

---

gouverneur, le droit de mettre les affaires en délibération. — Wynants, *Manuscrit cité*, chapitre V. — *Bulletins de la Commission royale d'histoire*, 2ᵐᵉ série, t. VI, p. 288. — Commission de Guillaume le Taciturne. — Commission du comte Adrien de Lannoy de Clervaux pour Namur au dix-huitième siècle. — *Le gouvernement politique des provinces des Pays-Bas*, ouv. cit., pp. 75, 76, 77, 85, 99.

(1) Instructions de Jean de Ligne, Berlaymont, Hierges, Meghem, Hornes, etc. — Ordonnance du conseil de Gueldre du 20 octobre 1547.

(2) Instructions de Mansfeld, Berlaymont, etc.

(3) Buzelinus, ouv. cité, p. 489. — *Placards de Flandre*, t. Iᵉʳ, p. 536. — *Annales de la Société archéologique de Namur*, t. VIII, p. 5. — *Bulletins de la Commission pour la publication des anciennes lois et ordonnances*, t. III, p. 192. — Sohet, *ouv. cité*, liv. Iᵉʳ, titre XLVII.

En Gueldre et en Hollande, à Namur comme souverain bailli, à Tournai quand il était grand bailli, le gouverneur était lieutenant des fiefs du duc, du comte, du seigneur, et présidait avec droit de semonce la haute cour féodale (1). A Namur, depuis 1482, il était, pour ainsi dire de droit, grand veneur et bailli des bois et avait par conséquent sous sa direction le tribunal de la vénérie et celui de la foresterie (2). Dans les duchés de Luxembourg et de Limbourg, où existaient des officiers spéciaux préposés à ces deux services, les gouverneurs n'avaient, l'un et l'autre, qu'une mission générale de procurer la conservation de la chasse au profit du prince, en compensation de laquelle on leur permettait de chasser avec modération; le gouverneur du Luxembourg ne devait pas s'occuper du régime des forêts; celui du Limbourg avait simplement charge de veiller à la conservation du s'Hertoghenwald, et de pourvoir à ce que les droits utiles qu'y exerçaient les sujets ne prissent pas un accroissement abusif (3).

Quant au grand bailli du Hainaut, dont je n'ai pas encore parlé, il était, dans toute la force du terme, le grand justicier du comté dépositaire de tous les attributs de la

---

(1) Commissions des gouverneurs de Gueldre. — Actes faisant suite aux instructions de Réné de Nassau-Châlons, gouverneur de Hollande. — *Annales du cercle archéologique de Namur*, t. VIII, etc. — A Tournai la cour du bailli s'appelait la *cour de Maire*. — En Flandre, il y avait un lieutenant des fiefs spécial; en Limbourg sa charge était unie à celle de drossart du duché; et d'ailleurs il y avait un drossart lieutenant des fiefs spécial pour chacune des pays d'outre-Meuse. En Luxembourg, le *justicier des nobles* tenait lieu de lieutenant des fiefs, etc.

(2) *Annales de la Société archéologique de Namur*, t. VIII. — Voir les Annexes. — *Inventaire de la chambre des comptes*, t. II, p. 459.

(3) Instruction du comte d'Oost-Frise, Werchin, Mansfeld, etc.

souveraineté se rattachant à la juridiction. Il avait la qualité de lieutenant des fiefs, de chef et de semonceur de la noble et souveraine cour de Mons, consistoire féodal formant le tribunal suprême de la province, et n'ayant pas encore été amoindri par l'érection d'un véritable *conseil de robe longue* (1); les sentences s'y rendaient en son nom et au nom des féodaux. Il était le seul chef des trois siéges dits de l'*audience*, du *terrage* et de l'*office du grand bailliage*, dont la réunion formait ce qu'on appelait le *conseil ordinaire*. Tous les actes s'y expédiaient exclusivement en son nom sauf au *terrage* où ils se faisaient au nom du grand bailli et des gens du conseil conjointement. C'était à son clerc qu'était confié le sceau du grand bailliage, seul sceau comtal du pays (2). Il accordait seul les lettres d'attache nécessaires pour donner force exécutoire en Hainaut aux sentences des tribunaux *étrangers*. Il était le premier officier de justice du pays, ayant surintendance sur tous les officiers comtaux ou seigneuriaux (3) et pouvant *exploiter* partout, sauf dans les seigneuries privilégiées, tant en matière civile qu'en matière criminelle. Il avait la curatelle des insensés, des furieux, des faibles d'esprit. Il réglait les conflits de juridiction et connaissait des actions de complainte pour déni de justice intentées contre les officiers ordinaires ou contre les seigneurs. On peut dire, en un mot, qu'aux attributions d'un officier de justice ayant pour territoire la province entière, il unissait celles d'un chancelier ou d'un

---

(1) Dès le seizième siècle il y eut des tentatives dans ce sens. Voir Lacroix, *Archives du Hainaut. — Inventaire des chambres*, passim.

(2) Pinchart, *ouv. cit.*, p. 6.

(3) Cette supériorité, chose remarquable, était déjà marquée dans les chartes de 1200.

4

président de conseil (1). Sa position était si haute qu'on discutait la question de savoir si, par son décès, le cours de la justice n'était pas interrompu en Hainaut (2).

Les seuls gouverneurs de Flandre et de Limbourg étaient, au point de vue qui nous occupe maintenant, dans une situation exceptionnelle et inférieure. Celui de Flandre avait charge de procurer droit et sentence aux sujets et de surveiller l'action des officiers de justice, mais il n'avait pas ses entrées dans le conseil de la province; il ne présidait aucun tribunal; il n'avait aucune des attributions d'un officier criminel (3).

Le stadthelder du Limbourg ne siégeait dans l'une ou l'autre haute cour du duché que dans les cas exceptionnels où il avait une patente de drossart, soit de Limbourg, soit de Fauquemont (4). Ses instructions lui enjoignaient de laisser aux drossarts du pays une certaine liberté d'allures en matière judiciaire (5). Enfin, par rapport à la surin-

---

(1). *Bulletins de la Commission pour la publication des anciennes lois et ordonnances*, t. Ier, p. 195, notice de M. Gachard *Sur le conseil souverain de Hainaut*; et t. II, pp. 84 et suivantes, documents relatifs au grand baillage du Hainaut. On trouve dans ces documents une instruction de 1779 fort importante. Comme elle est *restrictive* des droits anciens du grand bailli, on peut en conclure que ceux qu'elle maintient ne sont pas d'introduction nouvelle. — Voir en outre : Pinchart, *ouv. cit.*, pp. 7, 8, 9, etc.

(2) *Bulletins de la Commission royale d'histoire*, 2me série, t. Ier, p. 217; t. XII, pp. 418 et suivantes. — On décidait cependant la question négativement.

(3) Voir, entre autres, le *Mémorial d'Hopperus*, cité, p. 235.

(4) *Inventaire des Archives de la chambre des comptes*, t. II, p. 320 et suiv.

— On peut y voir une liste des drossarts de Limbourg. Peu de gouverneurs s'y trouvent mentionnés. Voir en outre les Annexes.

(5) Voir notamment les instructions du comte d'Oost-Frise.

tendance générale sur le fait de la justice, qui lui compétait comme aux autres gouverneurs, il était sous la direction immédiate du conseil de Brabant : il était obligé de suivre « les commandements du chancelier et gens du conseil » ordonné en Brabant en tout ce qui concerne la justice, » et souffrir l'exécution de tous mandements qui seront » décernés par ledit conseil, et faire sérieuse aide et » assistance aux exécuteurs d'iceux quand il en sera » requis (1). » C'était la conséquence de l'union indivisible du Limbourg et des pays d'outre-Meuse au Brabant, union consacrée par la Joyeuse Entrée (2).

Les gouverneurs de province n'avaient pas en règle générale le droit de créer de nouveaux tribunaux : il ne leur appartenait pas de modifier les institutions provinciales. Cependant ce principe d'ordre subit des atteintes dans des circonstances exceptionnelles. Je rappellerai, en passant, que ce fut un gouverneur de Namur, Jean de Berghes, qui le premier et *proprio motu* institua à Namur un conseil de justice permanent à la fin du quinzième siècle; qu'un peu plus tard ce fut un stadthouder, Florent d'Egmont, comte de Buren, qui réorganisa les tribunaux de la Frise orientale; que le grand bailli du Hainaut, Philippe de Noircarmes, institua après la surprise de Mons par Louis de Nassau une commission de justice extraordinaire analogue au conseil des troubles; qu'au dix-huitième siècle, encore, la *Jointe criminelle,* créée pour juger les vagabonds

---

(1) Voir notamment les instructions du comte d'Oost-Frise.

(2) Poullet, *Mémoire sur l'ancienne constitution brabançonne connue sous le nom de Joyeuse Entrée*, pp. 39, 56, 70, 140, 165, 215, 257, 280, etc.

dans le comté de Namur, fut établie par le gouverneur, comte de Lannoy de Clervaux, avec l'autorisation du prince (1).

XIV.

Les souverains des Pays-Bas qui, par la nature des choses, conféraient librement les charges et les offices dont les titulaires étaient leurs représentants et leurs agents, nommaient encore dans l'ancien régime à une foule de bénéfices et de dignités ecclésiastiques (2). D'autre part, comme le disait déjà Philippe le Bon, ils *renouvelaient la loi*, c'est-à-dire qu'ils instituaient les magistrats communaux dans toute l'étendue de leurs états, sauf dans les villes et dans les villages seigneuriaux (3). Cette dernière prérogative était même considérée, et à bon droit dans l'économie des institutions du temps, comme un des principaux ressorts du *gouvernail* de l'État. En effet, les villes avaient une autonomie presque absolue pour ce qui concernait leur régie intérieure; c'étaient les magistrats qui avaient la haute main sur celle-ci; c'étaient eux qui nommaient à tous les emplois municipaux (4);

---

(1) Pour Namur, *Acte de réformation du conseil de Namur*, dans Miræus, *Supplément*, t. II, p. 1047.—Defacqz, *Ancien droit belgique*, p. 32.—Henne, ouv. cit., t. II, p. 148, pour la Frise.—*Bulletins de la Commission royale d'histoire*, 2ᵐᵉ série, t. XI, pp. 17 et suivantes, pour le Hainaut. — Pour la Jointe criminelle, *Bulletins de la Commission royale d'histoire*, 2ᵉ série, tome V, pp. 355 et suivantes. Recueil des ordonnances des Pays-Bas autrichiens, 3ᵉ série, t. II, p. 593.

(2) Sauf confirmation canonique, cela s'entend.

(3) Gachard, *Collection de documents inédits concernant l'histoire de Belgique*, t. III, Régime communal.

(4) C'est seulement au dix-huitième siècle que ce principe commença à subir de fréquentes atteintes.

c'étaient eux, enfin, qui en corps ou par délégués, représentaient la commune aux états de la province (1).

Or, au seizième siècle, les attributs de la souveraineté, dont il vient d'être question, étaient exercés pour la majeure partie, non par le gouverneur général des Pays-Bas, mais par le gouverneur particulier dans chaque province.

En Hainaut, à Namur, en Gueldre, en Hollande, en Frise, le grand bailli, le gouverneur, le stadthouder, avait charge de renouveler les lois aux époques voulues, même dans les villes principales, en se conformant aux priviléges locaux, mais en veillant, comme je l'ai déjà dit, à ce que ces priviléges ne s'étendissent pas (2). Quand il était empêché d'agir par lui-même il pouvait, au moins en Hainaut, désigner des commissaires pour agir en son lieu et place (3). Dans le duché de Luxembourg, où un certain nombre de villes et quantité de communautés rurales étaient sous le régime de la *loi de Beaumont*, c'est-à-dire avaient le droit d'élire leur magistrat, le gouverneur nom-

---

(1) On peut voir sur cette situation des considérations fort intéressantes, développées par la Jointe des administrations et des subsides, dans les *Bulletins de la Commission pour la publication des anciennes lois et ordonnances*, t. II, pp. 124, 125.

(2) A Namur, avant 1485, on renouvelait la loi par commissaires, conformément au privilége de la duchesse Marie de 1477 : voir *Bulletins de la Commission royale d'histoire*, 2ᵉ sér., t. VIII, pp. 194, 195, 198, etc. — En Hainaut : *ibid.*, 1ʳᵉ sér., t. XI, p. 219 ; t. XVI, p. 75 ; 2ᵉ sér, t. VIII, pp. 40, 49. *Bulletins de la Commission pour la publication des anciennes lois et ordonnances*, t. II, p. 91. — Pour la Gueldre, la Hollande, la Frise, etc., voir les instructions et souvent les commissions des gouverneurs. La commission de Guillaume le Taciturne, comme stadthouder de Hollande, lui donne, *in terminis*, le droit de renouveler les lois.

(5) *Bulletins de la Commission royale d'histoire*, 2ᵉ sér., t. VIII, pp. 40, 41 ; 1ʳᵉ sér., t. XVI, p. 175, etc. — Il en était probablement de même dans les autres provinces.

mait au moins les échevins de la capitale du pays et de quelques autres localités (1).

Dans le duché de Limbourg il nommait les échevins de toutes les hautes cours, ou chefs bancs, et ceux des bancs subalternes (2).

En Flandre, dans la Flandre gallicante, à Tournai, les lois se renouvelaient par *commissaires* directement institués par le pouvoir central. Mais le gouverneur était, pour ainsi dire de droit, le premier ou du moins l'un de ces commissaires, soit en vertu d'une *patente à vie*, soit en vertu de patentes périodiquement renouvelées (3).

Les instructions du gouverneur de la Flandre lui prescrivaient d'avertir tous les ans le pouvoir central des personnes qu'on pourrait nommer aux magistratures d'Ypres, de Gand, de Bruges, etc., pour que cette nomination se fît d'accord avec le pouvoir et à bon escient (4). Les instructions des gouverneurs de Namur et de Hollande conte-

---

(1) *Publications de la Société pour la recherche*, etc., tome de 1849, p. 91 — *Gouvernement politique des provinces des Pays-Bas*, cité, p. 150.

(2) *Gouvernement politique*, etc., ouv. cit., p. 71. Instructions du comte d'Oost-Frise. — Notes de M. Poswick d'après le manuscrit nº 13778 de la Bibliothèque royale. — Pour la nomination des échevins à la haute cour de Limbourg, le stadthelder était tenu de suivre une liste de présentations.

(3) Büzelinus, *Gallo-Flandria*, pp. 489, 515; quelques villes de la Flandre gallicante renouvelaient leurs magistrats par élection. — Gachard, *Collection de documents inédits*, cités, t. III, Régime communal. — *Gouvernement politique des Pays-Bas*, ouv. cit., p. 87. *Bulletins de la Commission royale d'histoire*, 1re sér., t. XI, p. 337. Poutrain, *Histoire de la ville et cité de Tournai*, etc., t. II, p. 584. — On peut voir dans les *Mémoires de Jean de Dadizeele*, publiés par la Société d'Émulation de Bruges, des patentes de commissaires au renouvellement des lois de Flandre: aussi dans *l'Inventaire des archives d'Ypres*.

(4) Instructions du comte d'Egmont.

naient une injonction analogue : celle d'avertir le gouvernement général des nominations que ces gouverneurs particuliers se proposaient de faire, pour voir si aucune d'elles ne déplaisait, ou si quelque autre était spécialement désirée (1). Dans les autres provinces il semble que les lieutenants provinciaux agissaient sans contrôle, à charge, comme on le recommandait à celui du Limbourg, de placer dans les magistrats des gens de biens « les plus » propres et les plus capables que possible (2). » On ne saurait, par exemple, considérer comme une restriction sérieuse à la prérogative du grand bailli de Hainaut le droit qu'avaient les gens du conseil ordinaire de lui soumettre une liste de candidats pour l'échevinage de Mons, liste dont le grand bailli ne tenait aucun compte (3). En Hollande, on avait essayé aussi de faire intervenir le conseil, avec voix consultative, dans le renouvellement des lois, mais les stathouders avaient toujours mis obstacle à la réalisation de ce projet (4).

Pour ce qui concerne la collation des offices proprement dits, tels que les drossarderies, châtellenies, prévôtés, bailliages, sergenteries, mairies, il va de soi que le droit légal des gouverneurs était limité (5). S'il en avait été

---

(1) Instructions de Nassau-Châlons, de Praet, de Berlaymont, etc.

(2) Instructions du comte d'Oost-Frise.

(3) *Bulletins de la Commission pour la publication des anciennes lois et ordonnances*, t. II, p. 92.

(4) Volume cité des Archives de l'audience: Commissions et instructions pour les gouverneurs de province, fol. 110.

(5) Surtout au seizième siècle. Au quinzième, on vit les gouverneurs, par exemple à Namur, conférer jusqu'aux charges de conseillers dans le conseil de la province. *Bulletins de la Commission royale d'histoire*, 2ᵉ sér., t. VI, pp. 284, 289, 299, 315.

autrement, ces puissants organes de la souveraineté n'auraient eu pour ainsi dire qu'un pas à faire pour s'ériger en feudataires indépendants (1). L'ordonnance du 5 avril 1509, portée par Maximilien d'Autriche, qui réservait au prince ou au gouverneur général la collation de *tous les offices et bénéfices*, n'avait pas pu être exécutée (2) : mais au moins le pouvoir central revendiquait la disposition de toutes les grandes charges, de celles dont les titulaires étaient les agents directs et influents du souverain dans un ressort d'une certaine étendue. Il supposait même, dans plusieurs provinces, l'existence d'un *rôle régulier* des offices réservés et un autre des offices non réservés (3). Malgré ces restrictions légales, la part faite à la libre initiative des lieutenants provinciaux était encore énorme.

En Frise, si le stadthouder ne pouvait conférer que provisionnellement les grands offices, il disposait à son gré de toutes les charges de *griteniers* (4).

En Limbourg, le stadthelder avait charge, en vertu de ses instructions, de pourvoir au remplacement de tous les forestiers, maïeurs subalternes, sergents, messagers, clercs jurés des lois (5). D'après la déclaration des états, en 1600, il « commettait même les officiers principaux de

---

(1) On avait vu pendant le gouvernement des marquis de Bade, dans le Luxembourg, une foule d'officiers nommés par eux se rebeller contre le pouvoir central et contre la chambre des comptes, et prétendre n'avoir à se soumettre qu'à leur gouverneur. Henne, *ouv. cit.*, t. II, p. 241.

(2) *Bulletins de la Commission pour la publication des anciennes lois et ordonnances*, t. V, p. 299. — *Placards de Flandre*, t. Ier, p. 212.

(3) Instructions du comte de Hornes, pour la Gueldre, de Bernard de Bade, pour le Luxembourg, etc.

(4) Instructions de Jean de Ligne et de ses successeurs.

(5) Instructions du comte d'Oost-Frise.

la justice (1). » En Luxembourg, le gouverneur conférait
la plupart des offices subalternes des prévôtés (2); à Namur, presque toutes les charges du souverain bailliage,
du bailliage des bois et de la vénerie, les offices d'huissier
au conseil de la province (3); en Hainaut le bailliage des
bois; les offices de greffier féodal, de contrôleur, de greffier et de sergent de la navigation, de sergent de justice
exploitant dans le comté, d'huissier de chambre, de prévôt
des maréchaux, de quartier-maître, de *corratier* ou agent
d'affaires, et souvent même de maïeur « ou d'aultres ma-
» nières d'officiers (4). » Partout les gouverneurs étaient
entendus par rapport à la collation des charges dont disposait le pouvoir central : « veu, disait la Jointe de 1595, qu'ilz
» cognoissent mieulz les suffisances et qualitez des gentils-
» hommes méritans estre employez et honorez ès pro-
» vinces dont ils sont natifs et ont servi (5). »

Faut-il ajouter, pour qui connaît l'esprit de l'époque,
qu'à l'égard du droit de nomination aux charges publiques

---

(1) *Actes des États Généraux de 1600*, pp. 593, 703. Il est néanmoins
certain que les grandes drossarderies et châtellenies des quatre pays, les
lieutenances des fiefs, etc., étaient exclusivement conférées par le pouvoir
central.

(2) Leclercq, *Coutumes du Luxembourg*, t. II, p. 85 et *passim.*

(3) *Bulletins de la Commission royale d'histoire*, 2ᵉ sér., t. V, p. 355.
— Il avait encore une partie de ces droits au dix-huitième siècle. — Sohet,
ouvr. cité, livre Iᵉʳ, titres XLVII, XLVIII.

(4) Pinchart, *ouv. cit.*, pp. 7, 54, etc. — *Bulletins de la Commission
pour la publication des anciennes lois et ordonnances*, t. II, pp. 82 et suiv.
— On peut énoncer comme règle que les droits possédés par le grand
bailli, au dix-huitième siècle, lui appartenaient *à fortiori* au seizième.

(5) *Actes des États Généraux de 1600*, p. 441. Voir, au surplus, les
sources citées aux pages précédentes, les instructions de Bernard de
Bade, etc.

les gouverneurs ne respectaient pas à la lettre les limites mises à leur prérogative? Les rôles dont j'ai parlé ou n'existaient pas, ou étaient facilement méconnus. Étant sur les lieux, avertis les premiers des vacances qui se produisaient, comptant sur les ménagements qu'on aurait pour leurs talents, leurs services, leur influence, sachant qu'on ne voudrait guère les désavouer spécialement pour chaque nomination indue, les lieutenants provinciaux usurpaient souvent à l'envi. Granvelle se plaignait de cet abus dès 1567 (1). En 1604, quand le comte de Berlaymont et de Lalaing succéda au vieux Mansfeld, dans le Luxembourg, le souverain ne connaissait plus du tout l'étendue de ses droits dans cette province. Les archiducs enjoignirent au nouveau gouverneur de faire *dresser un rôle de tous les offices de collation souveraine* pour qu'on décidât ensuite, en connaissance de cause, ceux dont il pourrait disposer et ceux qui seraient réservés à la disposition du prince. Mais le mal était si fortement enraciné qu'à la mort de Berlaymont le *rôle* demandé n'existait pas encore; et que le gouvernement de Philippe IV insérait dans les instructions du comte d'Oost-Frise, en 1626, l'injonction de le faire dresser dans un délai *préfix* (2).

En matière de collation de bénéfices et de dignités ecclésiastiques la situation des gouverneurs de province était la même qu'à l'égard de la collation des offices. Leurs instructions faisaient la distinction d'abord : entre les dignités, prélatures et abbayes, d'une part, et les bénéfices de l'autre; ensuite entre les bénéfices portés sur le rôle de

---

(1) *Correspondance de Philippe II*, t. Ier, p. 561.

(2) Voir les instructions du comte de Berlaymont et du comte Christophe d'Oost-Frise de 1604 et 1626.

S. M. et les bénéfices portés sur un rôle spécial. Elles leur défendaient de disposer des bénéfices réservés aussi bien que des dignités, prélatures et abbayes, et même de mettre en possession les bénéficiaires simples au préjudice du droit exclusif du souverain. Parfois leur pouvoir était restreint dans des termes plus exprès. C'est ainsi, par exemple, que l'instruction du comte de Hornes, pour la Gueldre, lui permettait seulement de conférer les *vicairies* et les *costreries* à l'exclusion des *personats* et des cures; et que celle du comte d'Oost-Frise, pour le Limbourg, lui défendait de disposer de toute cure ou église quelconque (1).

Mais, encore une fois, le fait était loin de correspondre au droit strict : et sauf pour les abbayes, dignités et prélatures, que le souverain donnait toujours en personne, les lieutenants provinciaux empiétaient à chaque instant sur la prérogative du gouverneur général (2).

XV.

Pour parcourir le cercle entier des attributions des gouverneurs, il me reste à esquisser la partie peut-être la plus délicate de leur rôle. Si l'on se rappelle que dans l'ancien régime national les états avaient le droit exclusif de voter les subsides; qu'ils pouvaient mettre des conditions à leur vote; qu'ils pouvaient accompagner celui-ci de représentations portant sur toutes les sphères de la politique et de l'ad-

---

(1) Instructions des gouverneurs de Hollande, Namur, Luxembourg, Gueldre, Flandre, Frise, etc.; pour Werchin, Berlaymont, Mansfeld, Bernard de Bade, Egmont, Jean de Ligne, Meghem, Oost-Frise, etc.

(2) Voir les instructions de Berlaymont, en 1604, d'Oost-Frise, en 1626 de Gueldre au dix-septième siècle, etc.

ministration ; que dès le seizième siècle le souverain avait
un besoin permanent et impérieux du concours finan-
cier des sujets pour pourvoir aux nécessités publiques, on
comprendra comment les agents chargés de traiter avec
les corps représentatifs des provinces, de les manier,
d'emporter leur consentement, de les induire à se rendre
aux vues de la souveraineté, avaient dans l'économie des
institutions une importance de premier ordre. Or, au seizième siècle comme au quinzième, ces agents n'étaient
autres que les gouverneurs dans les provinces où il en existait un.

Et d'abord, quand un gouverneur était dans son ressort
et qu'aucun obstacle ne l'empêchait de vaquer aux devoirs
de sa charge, c'était à lui seul qu'il appartenait de convoquer les états provinciaux « en suivant l'ancienne coutume (1) : » en 1541, la reine Marie ayant fait rassembler
les états du Namurois par le conseil, au préjudice des droits
du souverain bailli qui n'était ni absent ni malade, celui-ci
protesta vivement (2). Dans le Limbourg, cependant, où les
états du duché et ceux des trois autres pays d'outre-Meuse

---

(1) Buzelinus, *loc. cit.*, p. 523, 524. — Lacroix, *Archives du Hainaut,
Inventaire des chambres*, etc., pp. 69, 72, 74, 124, 219 , etc. — Gachard,
Analectes belgiques, pp. 70 et suiv. — Commissions de Guillaume le Taciturne, du comte A. de Lannoy de Clervaux, etc.— Instructions des comtes
de Lalaing et de Hornes pour la Gueldre; du duc d'Aremberg pour le
Hainaut, etc. — *Bulletins de la Commission royale d'histoire*, 2ᵉ sér.,
t. II, p. 303; t. VI, p. 275; t. XII, p. 291. — Gachard, *Rapport sur les
Archives de Lille*, pp. 420 et suiv. — *Bulletins de la Commission pour
la publication des anciennes lois et ordonnances*, t. II, p. 92. — *Publications de la Société pour la recherche, etc., des monuments du Luxembourg*, volume de 1848, pp. 96 et suiv.

(2) Henne, *ouv. cit.*, t. VII, p. 217.

formaient quatre corps séparés, le gouverneur faisait convoquer ceux-ci par les quatre hauts drossarts (1).

Au quinzième siècle il est certain que les gouverneurs
pouvaient rassembler les états de leur ressort, non-seulement sur l'ordre ou sur l'invitation de la cour, mais
encore en vertu de leur initiative personnelle et quand ils
le jugeaient utile. C'était une nécessité du temps. Au
seizième siècle il n'en était plus ainsi. A mesure que les
ressorts du gouvernement général des Pays-Bas s'étaient
consolidés et que des traditions politiques stables s'étaient
formées, le pouvoir discrétionnaire possédé dans l'espèce
par les lieutenants provinciaux avait été circonscrit. On
avait peu à peu taxé d'abus et d'usurpation toute convocation des états faite par ces personnages sans l'impulsion
préalable de la cour de Bruxelles. Celle-ci, sans doute,
était fort souvent obligée de fermer les yeux et de tolérer
ce qu'elle ne pouvait empêcher : les gouverneurs conti-
nuaient à agir comme leurs devanciers et les états les soutenaient, dans l'espoir de conserver des occasions multiples
de peser sur la marche des affaires. Mais quand les circonstances étaient favorables et qu'elle avait le moyen de se
obéir, la cour ne manquait pas d'exiger qu'on la laissât
seule juge des cas où il pouvait être opportun de réunir
les représentants des sujets et de leur ouvrir la bouche (2).

La présidence de l'assemblée des états appartenait de
droit au grand bailli de Hainaut, au gouverneur souverain

---

(1) Ubaghs, Ernst, etc., *locis cit.*

(2) Gachard, *Correspondance de Philippe II*, t. Ier, p. 506. — *Documents inédits*, t. Ier, Régime provincial. — *Bulletins de la Commission
royale d'histoire*, 2e sér., t. XII, p. 291. — Buzelinus, *Gallo-Flandria*,
pp. 523, 489, etc. Les termes des instructions, chose singulière, laissaient
le point en litige dans le vague.

bailli de Namur, et je pense au gouverneur ou stadthouder des autres provinces, excepté en Luxembourg et en Gueldre. En Hainaut le grand bailli prenait même le titre de *chef des états du comté* (1).

Partout c'était au gouverneur, à moins de circonstances exceptionnelles, d'exposer au nom du prince le motif de la réunion; de procurer l'exécution des mesures que le souverain désirait voir prendre par les corps représentatifs; de faire nommer par eux, le cas échéant, des députés à l'assemblée des états généraux; de conduire ces députés à l'assemblée, d'être enfin *commissaire* pour la *pétition des subsides* (2).

Le pouvoir central avait le droit strict, sauf en Hainaut (3), de substituer à son lieutenant provincial un délégué spécial ou de lui adjoindre un grand personnage de cour pour traiter avec les états. Mais on conçoit aisément combien, surtout au seizième siècle, il lui était délicat d'en user (4). La substitution ou même l'adjonction

---

(1) Gachard, *Documents inédits*, loc. cit. — Lacroix, ouv. cit., pp. 103, 218, etc. — Chambre des comptes, registre 75, fol. 100, règlement de 1739 pour Namur. — En Gueldre et en Luxembourg, on le sait, le président des états était le maréchal héréditaire des nobles; en Flandre, au moins depuis la suppression du gouverneur, ce fut le premier échevin de Gand.

(2) *Bulletins de la Commission royale d'histoire*, 2e sér., t. II, pp. 354, 408, 409; t. III, pp. 216, 218, 337, 256, 260, 264, 313; t. XII, p. 291. — *Correspondance de Philippe II*, t. III, p. 550. — *Analectes belgiques*, loc. cit. — Buzelinus, *Gallo-Flandria*, loc. cit. — Lacroix, *ouv. cit.*, loc. cit. — *Le gouvernement politique des provinces des Pays-Bas*. etc., pp. 87, 89, etc. — Pinchart, *ouv. cit.*, pp. 16 et suiv.

(3) *Bulletins de la Commission pour la publication des anciennes lois et ordonnances*, t. II, p. 92.

(4) Il y a cependant des exemples, tant au quinzième qu'au seizième siècle. — *Bulletins de la Commission royale d'histoire*, 2e sér., t. VI, p. 282. — On trouve des commissions données à des délégués spéciaux

d'un étranger, au représentant ordinaire du prince, était facilement interprétée par celui-ci comme une marque de défiance ou comme un certificat d'incapacité; et, d'ailleurs, personne n'était, en thèse générale, plus capable que lui d'entraîner par la persuasion le consentement des états. Les abbés et les prévots, membres de l'ordre clerc, n'étaient pas nommés par le gouverneur de la province, mais celui-ci avait au moins eu une certaine part d'influence dans leur nomination, et tous avaient intérêt à rester en bons termes avec lui. Le tiers état était presque dans sa main par la faculté de renouveler les lois qui lui appartenait. L'ordre équestre, enfin, était entièrement sous son influence : d'abord, en l'absence de règlements précisant les conditions d'idonéité requises pour y entrer, le gouverneur avait en fait un pouvoir presque discrétionnaire pour y introduire les gentilshommes (1); ensuite, les nobles provinciaux, cela va de soi, prisaient fort haut la familiarité et l'amitié du dépositaire du pouvoir royal dans leur province, qui, en même temps, était socialement parlant le supérieur de l'immense majorité d'entre eux (2).

---

pour traiter avec les états, et surtout pour demander des *subsides*, dans un volume des archives de l'Audience, intitulé : Papiers d'État; *Instructions pour différents personnages en mission à l'intérieur.* On doit prendre garde que souvent, quand on voit un *commissaire spécial* traiter avec un corps d'états, c'est que le gouverneur est malade. Il y a différents exemples dans Lacroix, *ouv. cité.*

(1) Ces règlements ne datent que du dix-septième siècle. A voir dans les *Bulletins de la Commission royale d'histoire,* 3e sér., t. VIII, p. 438, et 2e sér., t. IX, p. 164, ce que pouvait un gouverneur avant l'émanation de ces règlements.

(2) Cette influence naturelle des gouverneurs sur tous les ordres des états est fort bien expliquée, à propos du grand bailli du Hainaut, dans un rapport de la Jointe des administrations et des subsides : *Bulletins de la*

Si les gouverneurs étaient ainsi les agents ordinaires du souverain , chargés de traiter avec les états des subsides et des autres affaires graves, ils n'étaient pas toujours libres d'agir dans l'occurrence suivant leur propre impulsion. Avec l'ordre de convoquer les représentants des sujets, en vue d'un objet déterminé, le pouvoir central leur faisait tenir d'abord une *lettre de créance* aux états, ensuite une *instruction spéciale* portant les caractères d'une instruction diplomatique. Celle-ci, en effet, tout en laissant une marge suffisante à la mobilité des circonstances extérieures et à l'habileté de son destinataire, dictait à celui-ci le langage qu'il aurait à faire entendre pendant la session, la conduite qu'il devait tenir, les engagements qu'il pouvait prendre au nom de la souveraineté : elle allait même parfois jusqu'à lui indiquer d'avance les obstacles à vaincre et les moyens à employer pour atteindre le but. En parcourant quelques-unes de ces instructions d'un œil attentif, on apprend bien des choses sur les grandeurs et sur les misères de la vie politique de l'époque (1).

Lorsqu'un subside avait été accordé par les états d'une province le rôle des gouverneurs n'était pas fini. C'est à eux qu'il incombait partout de prêter main-forte aux officiers des finances chargés de lever les impôts et, au

Commission pour la publication des anciennes lois et ordonnances, t. II, pp. 125, 126. — Quelques-uns usaient parfois de violences ou d'intimidation pour arriver à leurs fins ; voir Ubaghs , ouv. cit., pp. 49, 50, etc., pour ne pas parler des affaires du *dixième denier*, si connues.

(1) *Actes des États Généraux de 1600*, pp. 7, 8, 10, 85, etc. On trouve des instructions de l'espèce dans le volume cité des papiers d'État: Commissions et instructions pour les gouverneurs, notamment aux fol. 200, 242, 288, 292, 296, 356, 362, 408, etc., et dans un autre volume : Instructions pour différentes personnes en mission à l'intérieur, fol. 30, 95, 309, etc.

besoin, de contraindre à acquitter leur *quote* les communautés récalcitrantes (1). Bien plus, à mesure que les états étaient entrés en possession des droits d'administration, qu'ils avaient pris en main la direction des finances et celle des principaux intérêts matériels de la province, certains gouverneurs avaient été investis de prérogatives en grande partie nouvelles (2). C'est ainsi, par exemple, qu'en Hainaut le grand bailli (3), à Namur le souverain bailli, étaient devenus les chefs de la *députation permanente* des corps représentatifs aussitôt que celle-ci avait été formée. Ils procuraient avec son concours la répartition et l'assiette des subsides et des impôts, l'exécution des mesures décrétées par les états, l'observation des règlements faits par eux. Ils présidaient enfin à la reddition des comptes provinciaux (4).

XVI.

J'espère avoir tracé dans les pages qui précèdent un tableau presque complet des attributions réunies au seizième siècle dans les mains des lieutenants provinciaux

---

(1) Voir, entre autres : *Publications de la Société pour la recherche, etc., des monuments du Luxembourg*, tome de 1848, pp. 96 et suiv. — *Bulletins de la Commission royale d'histoire*, 2ᵉ sér., t. VI, pp. 277, 278, etc.

(2) C'est seulement au seizième siècle que, dans la plupart des provinces, les états acquirent des droits d'administration. Antérieurement, l'assiette et la levée des impôts se faisaient par les officiers des finances du prince.

(3) Dès le quinzième siècle.

(4) *Annales de la Société archéologique de Namur*, t. VIII, p. 5. — Registre n° 75 de la chambre des comptes, fol. 100 : Règlement de 1739 pour Namur, réorganisant ce qui existait déja. — *Bulletins de la Commission pour la publication des anciennes lois et ordonnances*, t. II, pp. 92 et suiv. Sohet, *Instituts de droit*, liv. I, titre XXXVI, chap. III.

du souverain des Pays-Bas. Je dois encore, pour placer ce tableau dans son véritable jour, essayer de marquer par quelles combinaisons de ressorts on s'efforçait de maintenir ces puissants dignitaires dans la dépendance du pouvoir central, et quels étaient les droits de la souveraineté dans l'exercice desquels leur participation était étroitement mesurée.

Les gouverneurs de province, si facilement en mesure de se permettre des écarts politiques et des usurpations, ne pouvaient, sans se mettre en état de révolte ouverte, se soustraire tout à fait à l'impulsion du souverain ou de son lieutenant gouverneur général, d'abord : parce qu'il ne leur appartenait pas de lever, sans ordre supérieur, des corps de troupes permanents autres que les petites garnisons des places fortes (1); ensuite, parce que le pouvoir central conférait directement les grandes charges dont les titulaires étaient les instruments principaux de leur action; ensuite encore, parce qu'ils avaient dans l'exercice de leurs attributions des assesseurs, des collaborateurs en sous-ordre ou des conseils obligés qu'ils ne créaient pas; enfin, et surtout, parce qu'ils n'avaient pas le maniement discrétionnaire des deniers du souverain. Je m'arrête un instant à ces deux derniers points; ce que j'ai dit plus haut me dispense d'insister sur les autres.

Les gouverneurs de province n'avaient pas le droit de choisir discrétionnairement leurs agents ni leurs conseils. Au quinzième siècle le souverain leur adjoignait parfois un conseil de gouvernement, dont malheureusement l'organi-

---

(1) Leurs instructions ne parlent jamais que de levées de l'espèce. D'ailleurs, le fait est aussi notoire que naturel.

sation et les attributions précises me sont inconnues (1).
Au seizième siècle ces corps avaient disparu, mais pour
faire place aux *conseils de justice.*

En vertu de leurs instructions, les gouverneurs de
l'époque de Charles-Quint et de Philippe II ne pouvaient
pas entremettre « aux affaires gens qui ne sont ni officiers,
» ni en service, ni assermentés au souverain. » Avaient-
ils besoin d'instruments, ils devaient s'adresser aux officiers ordinaires ; avaient-ils besoin de *conseils*, aux membres du tribunal supérieur de leur ressort (2). Dans les
matières graves ils avaient même ordre exprès de consulter
ces derniers avant d'agir (3) ; enfin, dans l'exercice de certaines attributions, ils étaient en droit strict obligés d'agir
de concert avec eux. C'est ainsi, par exemple, que dans les

(1) Il en est question dans les documents relatifs à l'engagère du gouvernement du Luxembourg à Christophe de Bade ; et dans les instructions
de Bernard de Bade de 1528 il est parlé du « conseil lequel S. M. entre-
» tient oultre un gouverneur pour espécialement assister aux affaires du
» pays. » Voir le volume cité des Papiers d'État. — En Limbourg, d'après
les notes que me communique M. Poswick, ce conseil se composait parfois
de dix personnes. Les châtelains et drossarts locaux en faisaient souvent
partie avec le receveur général du pays. Dans le registre n° 2436 de la
recette générale du Limbourg, aux fol. 70, 72, il en est question dans les
termes suivants : « Par bonne declairation soubs les scels dudit gouver-
» neur et de trois ou quatre conseillers de Mons. en son dict pays et
» duché de Limbourg. » (Ann. 1390-93.)

« Le premier jour du mois fut à Limbourgh le conseil de mon très-re-
» doublé seigneur de Bourgoigne en ses pays oult la Meuse, establi, assa-
» voir le gouverneur, le sire de Gronsfeld, Mess. Herman Hoen, le demy-
» seau de Haren, Goeswin de Heer, Jehan de Vilers le receveur, Henry
» de Clermont. » (1392.)

(2) Instructions de Werchin, de Praet, Mansfeld, Berlaymont, Meghem,
Egmont, etc.

(3) Instructions de Meghem, en 1555, de Berlaymont, en 1554, de Bernard de Bade, en 1528.

provinces où le gouverneur était chef d'un conseil de robe longue, la publication des placards, la transmission des ordres du pouvoir central, l'émanation des règlements d'administration publique, la publication des mandements militaires, et même la convocation des états, devaient ordinairement se faire en leur nom collectif (1). En Hainaut, le droit édictal et réglementaire du grand bailli était tout à fait personnel. Mais ce grand officier était au moins tenu d'agir avec les gens du conseil ordinaire, comme agent de publication et de transmission (2).

Quoi qu'il en soit, ne nous faisons pas illusion sur la portée pratique des principes légaux que je viens d'énoncer. Il est certain que les gouverneurs de province ne laissaient pas que de trouver dans les conseils de justice des contrôleurs et jusqu'à un certain point des surveillants. Mais c'était à peu près tout. Les lieutenants provinciaux du souverain avaient une tendance fort accentuée, au seizième siècle, à faire sentir durement leur suprématie légale, l'éclat de leur pouvoir militaire, parfois même la hauteur de leur position sociale, aux hommes de robe qui les entouraient. Les instructions de Bernard de Bade ne jugeaient pas inutile de lui enjoindre de *donner audience aux receveurs, avocats et autres officiers de l'empereur*, quand ceux-ci avaient à l'entretenir d'affaires de service (3); celles de Florent, comte de Berlaymont et de

---

(1) Voir les sources citées plus haut à propos de ces droits des gouverneurs, et, entre autres, les *Bulletins de la Commission d'histoire*, 2e sér., t. VI, pp. 284 et suiv., t. II, pp. 307, 317, 370, 420.

(2) Pinchart, *ouv. cit.*, p. 28. — *Bulletins de la Commission pour la publication des anciennes lois et ordonnances*, t. II, pp. 84 et suiv. — *Correspondance de Philippe II*, passim.

(3) Dans les premiers articles.

Lalaing, en 1604, de lui rappeler qu'il devait honorer et respecter les membres du conseil de Luxembourg : « Pré-
» supposant, disaient avec dignité les archiducs, qu'ils
» sont nos conseillers et ministres et non les vôtres et que
» chacun doit estre respecté en son degré et qualité (1); »
celles de tous les gouverneurs du seizième siècle, de leur défendre d'employer les gens de robe à leurs affaires personnelles et de les distraire du service de l'État (2). Ce n'était pas seulement en Hainaut que le grand bailli maintenait les gens du conseil ordinaire au rang de collaborateurs subalternes et en sous-ordre. Presque partout les gouverneurs agissaient de même, à l'occasion, vis-à-vis des conseillers de robe longue. Ils décidaient en maîtres, dans les cas où ils devaient agir en nom collectif avec eux; et trop souvent ils allaient même jusqu'à croire qu'il leur appartenait d'agir sans tenir compte de leurs avis ou de leurs votes, ou en dépit même de ces votes et de ces avis (3).

Il va sans dire que dans les provinces où le gouverneur n'avait pas ses entrées dans le conseil de justice du ressort, comme en Flandre et dans la Flandre gallicante (4), la position était très-différente. Les prérogatives propres du conseil contenaient singulièrement celles du représentant direct du souverain. Je puis me borner à signaler le fait sans m'y arrêter davantage, et passer aussitôt à l'examen du frein le plus sérieux qui contint les gouverneurs.

---

(1) Cette instruction est faite avec soin pour essayer de corriger une foule d'abus enracinés sous le vieux Mansfeld.

(2) Instructions de Werchin, de Praet, Berlaymont, Meghem, Mansfeld, Egmont, etc.

(3) Voir les instructions citées de Florent de Berlaymont, du comte d'Oost-Frise, son successeur, du gouverneur de Gueldre, après 1640, etc.

(4) La Flandre gallicante était dans le ressort du conseil de Flandre.

En matière financière les lieutenants provinciaux étaient tous sous la dépendance directe et immédiate du gouverneur général des Pays-Bas. C'était ce personnage seul qui leur dispensait d'une main prudente et attentive le nerf de la guérre et des affaires gouvernementales. Ces mêmes gouverneurs qui, dans leur ressort, dominaient l'administration judiciaire, l'administration militaire, la politique, qui renouvelaient lés lois, qui nommaient à une foule de charges publiques, qui traitaient d'ordinaire avec les états, n'avaient absolument aucun pouvoir propre sur les finances publiques.

Aux termes de leurs instructions ils ne pouvaient, sous aucun prétexte, se mêler de la gestion du domaine, ni pour passer des actes de vente, ni pour passer des actes de location, ni pour toucher des revenus, ni pour donner des quittances ou faire des remises de dettes. Chargés, comme je l'ai dit, de surveiller la conduite des officiers des finances et, au besoin, de leur prêter main-forte, ils n'avaient pas qualité pour leur donner des ordres ni pour les soumettre à leur impulsion ; ces officiers ne ressortissaient qu'aux autorités centrales : le conseil des finances et les chambres des comptes (1). Les gouverneurs, qui étaient titulaires d'un office domanial ou d'un grand ou souverain bailliage, faisaient seuls les recettes de juridiction criminelle, sous forme d'*amendes* ou de *compositions*, qui en dépendaient, mais tous les ans ils devaient au moins une fois produire

---

(1) Instructions de Werchin, Oost-Frise, de Praet, Nassau-Châlons, Mansfeld, Berlaymont, Lalaing, en 1604, Oost-Frise, en 1626, celles des gouverneurs de Gueldre après 1640, etc.

un état détaillé de leur gestion aux *chambres des comptes*, et subir leur contrôle minutieux (1).

Les gouverneurs n'avaient et ne pouvaient jamais avoir la disposition des aides ou subsides, accordés au prince sur la bourse des sujets par les corps représentatifs provinciaux. Leurs instructions allaient jusqu'à prévoir le cas où il serait mis pour condition à l'accord d'un subside qu'ils en auraient la distribution, et elles leur défendaient de se prévaloir de cette clause sans l'assentiment formel du pouvoir central (2).

Les gouverneurs n'avaient pas non plus de pouvoir discrétionnaire pour faire des dépenses, sauf à présenter après coup le compte à payer au souverain. Leurs instructions leur défendaient de faire des travaux extraordinaires, dans leur ressort, sans l'aveu préalable du pouvoir central. Elles leur enjoignaient de « tenir, garder, ensuyvir et faire gar- » der les estats faits par ceulx des finances et des comptes » sans les enfreindre. » Quand se produisait une nécessité immédiate et inéluctable de méconnaître cette dernière prescription, ils devaient incontinent avertir le pouvoir central à Bruxelles (3).

Enfin, les gouverneurs, qui étaient chefs de la députation permanente des états, ne disposaient des deniers propres de la province qu'en conformité des décisions prises par

---

(1) *Inventaire de la chambre des comptes*, t. II, pp. 256 et suivantes. Comptes des grands baillis du Hainaut, du souverain bailli de Namur, du grand veneur de Namur, du bailli des bois de la même province, etc. Le bailli de Tournai-Tournaisis seul n'était pas comptable. *Inventaire* cité, t. II, p. VII.

(2) Voir les instructions citées à la note avant-dernière.

(3) Instructions de Werchin, Oost-Frise, Nassau-Châlons, Lalaing, du Praet, Mansfeld, Berlaymont, Meghem, Hornes, Egmont, etc.

les états eux-mêmes; ils n'étaient que les exécuteurs des
volontés de ceux-ci (1). Dois-je ajouter, comme signe du
temps, qu'on croyait nécessaire de leur défendre en termes
exprès de rien recevoir, prendre ou pratiquer des pays,
outre la coutume, sans le consentement du gouverneur
général? Toujours est-il que, contrairement à l'esprit sinon
à la lettre de cette. défense, une foule de lieutenants provinciaux du prince trouvaient moyen de se faire octroyer
par les états des dons de Joyeuse Entrée, ou des gratifica-
tions annuelles dont l'import était souvent fort élevé (2);
et que d'autres se permettaient d'exiger des taxes des
marchands qui traversaient leur ressort, ou percevaient des
redevances sur les objets destinés à la consommation des
soldats. Les états généraux de 1632 furent obligés eux-
mêmes d'élever la voix contre ces dernières pratiques (3).

Sans insister davantage sur ce point, qui me permettrait
d'entrer dans des détails piquants mais étrangers au but
de cette notice, parlons des droits de la souveraineté à
l'exercice desquels les gouverneurs de province ne prenaient, en général, qu'une part étroitement limitée. Ces
droits étaient ceux de l'ordre gracieux,

(1) Les rapports des députations avec les états sont trop connus pour
que je m'y arrête maintenant.

(2) Instructions de Werchin, Nassau-Châlons, Oost-Frise, de Praet,
d'Egmont, etc. — Ernst, dans sa Notice sur les états du Limbourg, insérée
dans les *Bulletins de la Commission royale d'histoire*, 2e sér., t. XII, p. 292,
raconte une piquante anecdote à propos du prince de Nassau-Siegen et
des états de la province en 1668. — Voir les *Actes des états généraux de
1600*, pp. 593, 703, etc.; l'*Inventaire des archives de la chambre des
comptes*, t. III, Comptes des aides et subsides, *passim*. — Voir l'Annexe
à cette *Notice* concernant Tournai-Tournaisis. — Sohet, ouvr. cité, *loc. cit.*

(3) *Actes des États Généraux de 1632*, p. 564.— Sous Charles-Quint, les
marquis de Bade levaient de véritables impôts à leur profit dans le Luxembourg : Henne, *ouv. cit.*, t. IV, p. 8.

A Namur, en Luxembourg, en Limbourg, en Frise, en Hollande, en Artois, en Flandre, dans la Flandre gallicante, dans le ressort de Tournai-Tournaisis, les lieutenants provinciaux du souverain des Pays-Bas n'avaient pas la faculté de donner des priviléges et des franchises, de créer des foires ou des marchés francs, de légitimer des bâtards, d'accorder des octrois aux villes et aux communautés pour vendre leurs biens, pour s'imposer, pour faire des travaux publics, etc. En matière criminelle ils n'avaient pas le droit de grâce : leur pouvoir ne s'étendait qu'à accorder rémission du crime d'homicide simple, et encore à charge de faire faire la composition par les officiers de justice ordinaires. Il ne leur appartenait pas non plus de délivrer des *passe-ports*, des sauf-conduits, des *lettres de placet sur bénéfices*, des lettres de sûreté de corps. Tout au plus pouvaient-ils donner des lettres d'attache aux passe-ports délivrés par le conseil des finances ou par un autre corps du gouvernement central (1). En Gueldre et en Hainaut, il en était autrement.

En Gueldre, il existait, en vertu du traité de Venloo, une grande chancellerie où se dépêchaient pour le duché une foule d'espèces de grâces et d'*octrois* en concurrence sinon à l'exclusion du conseil privé (2); et le stadthouder

---

(1) Instructions de Werchin, Nassau-Châlons, Oost-Frise, de Praet, Mansfeld, Berlaymont, Meghem, Egmont, etc. — Voir un exemple de grâce octroyée par le souverain bailli de Namur : *Bulletins de la Commission royale d'histoire*, 2ᵉ sér., t. VI, pp. 285, 286.

(2) Ce n'est pas ici le lieu de faire l'histoire de cette chancellerie. Je me contenterai de dire qu'en dépit des réclamations des états de Gueldre, qui, conformément à l'esprit du traité de Venloo, voulaient la placer sur la même ligne que celle du conseil privé, le pouvoir central travaillait toujours à en diminuer l'importance. Il ne réussit pleinement dans ses desseins qu'à la fin du dix-huitième siècle.

6

avait en fait cette chancellerie sous son étroite dépendance (1). En Hainaut, tant en vertu des chartes générales que d'une tradition constante à laquelle on n'aurait encore osé porter la main, le *grand bailli* délivrait seul, au *siége de l'audience*, des octrois de grâce de toute nature, des autorisations aux communautés pour s'imposer, pour faire des travaux, pour vendre, des lettres de répit, de sûreté de corps, et de sauf-conduit dans certaines limites. Il pouvait ériger des confréries d'arbalétriers, d'archers, et des compagnies bourgeoises. En matière criminelle il exerçait le droit de grâce, de fait d'une façon absolue, en théorie à raison de toutes les infractions qui ne constituaient pas un cas *énorme* et *vilain* (2). Il va d'ailleurs sans dire que, dans les autres provinces, il se produisait des usurpations aussi bien par rapport à la collation des grâces que par rapport à la nomination aux charges publiques.

XVII.

Je termine enfin ce qui concerne les gouverneurs de province au seizième siècle par un dernier trait. Investis des attributions multiples dont j'ai parlé, cumulant souvent d'autres charges avec leur gouvernance, il était impossible à la plupart d'entre eux de se passer de lieutenants. A Namur, par exemple, c'étaient toujours des lieutenants qui faisaient les fonctions de souverain bailli, de grand

---

(1) Traité de Venloo, art. 3, 4, 5, 6. — Gachard, *Mémoire sur la législation des octrois*, Introduction. — Instructions des gouverneurs de Gueldre après 1640, etc.

(2) *Bulletins de la Commission pour la publication des anciennes lois et ordonnances*, t. II, pp. 84 et suiv., *passim*.

veneur, de bailli des bois (1); dans la Flandre gallicante, il
y en avait un attaché en permanence au siége de la gouvernance à Lille et un autre au siége de la gouvernance
à Douai (2); en Hainaut, le clerc de l'office du grand bailliage était lieutenant du grand bailli sans préjudice aux
autres délégués que ce dernier pouvait avoir (3); en Frise,
il y avait un lieutenant du stadthouder de résidence fixe à
Groningue (4); à Tournai, il y avait d'ordinaire en fonctions
un lieutenant du gouverneur et un lieutenant général du
bailli, même quand la gouvernance et le bailliage étaient
réunis sur une même tête (5). Il est à tout moment question, enfin, des lieutenants du gouverneur de Gueldre, de
Limbourg, de Luxembourg (6)...

Ces lieutenants doivent, à certains égards, être classés
en deux catégories distinctes : ceux qui tenaient leurs
pouvoirs du prince, comme ayant été nommés par lui (7);
ceux qui tenaient leurs pouvoirs du gouverneur parce que

---

(1) *Bulletins de la Commission royale d'histoire*, 2ᵉ sér., t. VI, pp. 277,
286, 315, etc. — *Annales du Cercle archéologique de Namur*, t. VIII.

(2) *Placards de Flandre*, t. Iᵉʳ, p. 356. — Buzelinus, *loc. cit.*

(3) *Bulletins de la Commission pour la publication des anciennes lois
et ordonnances*, t. II, pp 84 et suiv.. *passim*. — Pinchart, *ouv. cit.*, p 8.

(4) Instructions de Buren, Ligne-Aremberg, Berlaymont, Hierges. Ce
lieutenant était nommé par le souverain.

(5) Voir les Annexes.

(6) Voir l'histoire du seizième siècle, les Annexes, etc.

(7) En 1522, Charles-Quint donnait un lieutenant au capitaine général
du Hainaut : *Bulletins de la Commission royale d'histoire*, 1ʳᵉ sér., t XI,
p 208; en 1531, un autre au marquis d'Arschot, gouverneur du Luxembourg : voir l'Acte d'érection du conseil de Luxembourg; en 1543, un
autre au gouverneur comte de Mansfeld, un autre encore à Berlaymont
en 1554, à Namur.

celui-ci les nommait et les révoquait à son gré (1). Les premiers, sans jouir, je pense, du privilége de l'inamovibilité, restaient en charge tant qu'ils n'étaient pas formellement révoqués. Les autres perdaient tout caractère public à la mort de leur mandant : ils avaient besoin d'une commission nouvelle, impétrée du pouvoir central, pour continuer l'exercice de leurs fonctions pendant la vacance de la gouvernance (2).

Au seizième siècle ces derniers étaient de beaucoup les plus nombreux.

Pour le surplus tous les lieutenants provinciaux avaient une position légale uniforme. Ils étaient astreints à prêter serment au souverain comme les autres officiers du pays (3) et, en même temps, à prêter serment au gouverneur leur chef (4) : chacun d'eux était l'*alter ego* de ce gouverneur, partout où il se présentait et dans tout ce qu'il faisait sur l'ordre ou avec l'assentiment de celui-ci ;

---

(1) Commission de Meghem, en 1555. — Instructions d'Oost-Frise, en 1542, etc. — *Bulletins de la Commission royale d'histoire,* 2ᵉ sér., t. VI, *loc. cit.,* et Annexes.

(2) *Patentes militaires*, t. 1ᵉʳ, fol. 235, en 1554 : « Comme depuis le » trespas de feu nostre cousin le comte de Rœulx, ..., les lieutenants, » conseillers et assesseurs, advocats et procureurs fiscaux de nostre gou- » vernance de Lille, nous ayant fait remonstrer que au moyen d'iceluy » décesse les commissions et pouvoirs de ses lieutenants, elles seroient » estainctes...., et que à icelle cause l'exercice et administration de la » justice cesse.... » Charles-Quint donne une commission nouvelle à l'ancien lieutenant du gouverneur.

(3) Nous avons vu qu'un gouverneur ne pouvait jamais mêler aux affaires des gens non assermentés au souverain. D'ailleurs, sa commission stipulait d'ordinaire que le lieutenant nommé par lui prêterait serment au prince entre les mains des gens du conseil provincial.

(4) *Bulletins de la Commission royale d'histoire*, 2ᵉ sér., t. VI, pp. 277, 286, 315, etc.

mais aucun d'eux n'avait des attributions propres. Tous étaient obligés de suivre passivement l'impulsion que leur chef leur donnait; de diriger les affaires qu'il leur confiait et dans le sens qu'il avait fixé; de s'abstenir d'intervenir dans les affaires auxquelles il leur avait défendu de s'entremettre. A la rigueur ils n'étaient même responsables que vis-à-vis de lui. Les gouverneurs, au contraire, comme le rappelaient les instructions de l'époque d'Albert et d'Isabelle, étaient responsables devant *Dieu* et devant le *souverain* du ressort confié à leurs soins (1); et, comme le disaient les commissions de la plupart d'entre eux, s'ils déléguaient l'exercice des pouvoirs de leur charge, c'était toujours à leurs *risques, périls, frais* et *fortune* (2). Ce fait explique comment, à moins de circonstances exceptionnelles, le souverain laissait aux différents gouverneurs le soin de nommer eux-mêmes le lieutenant ou les lieutenants dont ils avaient besoin dans leur ressort.

XVIII.

Il en est de l'institution des gouvernements de province comme de la plupart des institutions de l'ancien régime en Belgique : elle avait acquis pendant les règnes de Charles-Quint et de Philippe II son plein développement. Après les détails que j'ai donnés dans les paragraphes précédents, je pourrai résumer en un petit nombre de pages les grandes lignes de son histoire pendant les deux derniers siècles : le

---

(1) Instructions du comte de Berlaymont, en 1604, pour le Luxembourg, du comte d'Oost-Frise, en 1626, pour la même province, etc.

(2) Cette formule se trouve encore dans une foule de commissions du dix-huitième siècle.

dix-septième siècle qui fut pour elle un siècle de transition, le dix-huitième qui fut celui de sa décadence.

Le premier fait qu'il importe de signaler en parlant des gouverneurs de province, par rapport à la période comprise entre l'avénement d'Albert et d'Isabelle et la mort de Charles II, c'est la diminution du nombre des gouvernements; il procède à la fois des événements de la guerre et de la politique royale.

A la fin du règne de Philippe II, la séparation des provinces de l'Union d'Utrecht et le succès de leurs entreprises militaires avaient arraché aux Pays-Bas les gouvernances de Hollande et de Frise tout entières. D'autre part, la charge de gouverneur du comté de Flandre avait été supprimée de propos délibéré et dans des circonstances qu'il est intéressant de rappeler.

Dès 1570, le Roi, reprenant un projet déjà conçu par Maximilien d'Autriche, en 1510, et abandonné sans doute à raison de la faveur dont jouissait la maison de Luxembourg-Fiennes (1), le Roi, dis-je, avait annoncé au duc d'Albe qu'il supprimait l'office occupé naguère par le comte d'Egmont (2). Son intention était que la Flandre fût désormais placée sur le même pied que le Brabant, et que, le cas échéant, les gouverneurs de l'Artois et de la Flandre gallicante veillassent à la sécurité militaire de toute la frontière maritime (3). Les circonstances n'avaient pas permis d'exécuter aussitôt la volonté de Philippe II dans son entier. Le duc d'Albe s'était vu forcé de com-

---

(1) Voir aux Annexes : comté de Flandre, les sources citées au nom de Jacques de Luxembourg, seigneur de Fiennes.

(2) *Messager des sciences historiques*, volume de 1849, p. 49, sur le traitement du comte d'Egmont.

(3) *Correspondance de Philippe II*, t. II, p. 136.

mettre provisionnellement à la surintendance du comté le colonel Jean de Croy, comte du Roeulx; et celui-ci, sans avoir ni le titre officiel ni toutes les attributions d'un gouverneur, était resté le principal agent du pouvoir royal en Flandre jusqu'à sa mort arrivée en 1581. On n'avait eu garde de toucher à la situation d'un seigneur puissant, fidèle et dévoué, et qui déjà aurait eu quelque raison de se plaindre de l'infériorité relative dans laquelle on l'avait laissé. Mais, à sa mort, le champ était libre, et le pouvoir central n'hésita plus à exécuter le plan formé en 1570 (1).

Vainement, au moment du décès de son cousin Croy-Roeulx, le duc d'Arschot se fonda-t-il sur ce qu'il avait été fait gouverneur, en 1576, par les États Généraux et demanda-t-il à le redevenir par nomination royale (2); vainement, en 1595, les membres de la Jointe réunie par l'archiduc Ernest demandèrent-ils, en s'appuyant sur des considérations générales et sans mettre de candidat en avant, le rétablissement du gouvernement de la Flandre (3); leurs requêtes et leurs raisonnements n'eurent pas d'écho à Madrid. Le pouvoir central ne promulgua cependant aucune décision officielle. Il se borna à ne plus établir, en fait, dans le comté que des *surintendants des gens de guerre*,

---

(1) *Correspondance de Philippe II*, t. II, p. 701; *Actes des États Généraux de 1576 à 1585*, t. Ier, p. 3. — Dans les patentes de commissaire au renouvellement des lois, il est nommé premier commissaire *en place* du gouverneur de la Flandre : *Inventaire des Archives d'Ypres*, t. IV, pp. 241 et suivantes. — Toutefois, par courtoisie, on lui donnait souvent la qualification de gouverneur.

(2) Voir aux Annexes : comté de Flandre, les sources citées au nom du duc d'Arschot. — Il est à remarquer que Farnèse s'était personnellement opposé à ce que le Roi acquiesçât au désir du duc.

(3) *Actes des États Généraux de 1600*, p. 441.

officiers du dix-septième siècle n'ayant aucune action sur l'ordre civil et politique (1).

On n'a pas de peine à s'expliquer le mobile de la conduite de Philippe II. Le Roi avait été vivement frappé de la puissance politique qu'avait acquise le comte d'Egmont. Il craignait que ses successeurs, eu égard aux antécédents ainsi qu'à la vivacité du sentiment provincial des Flamands, n'eussent trop de facilités et même de tentations à s'ériger en chefs d'opposition et à se poser en adversaires redoutables des gouverneurs généraux du pays. En même temps, les raisons qui, dans d'autres provinces, l'auraient contraint de courir le danger éventuellement prévu, n'existaient pas pour la Flandre. Il ne s'agissait pas ici de frapper un coup d'éclat ni de transformer les institutions constitutionnelles de la province, comme si l'on avait voulu supprimer le grand-bailliage du Hainaut, le souverain bailliage de Namur, le stadhoudérat de la Gueldre. Les institutions de la Flandre n'avaient pas du tout ce cachet d'unité qui caractérisait celles de mainte autre principauté. Elles ne demandaient pas un centre provincial. Les divisions des *membres* de Flandres étaient fort tranchées. Il en était de même de celles des châtellenies, métiers et offices subalternes. Partout les baillis locaux avaient, de toute antiquité, des attributions fort étendues comme agents de la souveraineté. Le conseil de Flandre était investi d'attributions propres sur toute la surface du territoire. La suppression du gouvernement n'entraînait, en un mot, aucun changement, ni dans

---

(1) Exemple : il y a une commission de surintendant des gens de guerre, pour la Flandre, aux premiers feuillets du tome XXII des *Patentes militaires*.

l'ordre des juridictions, ni dans le mode de renouvellement des lois, ni dans le régime des fiefs, ni dans le mode
de transmission et de publication des placards et des
ordres généraux du pouvoir central (1). Elle devait faire
d'autant moins d'impression sur l'opinion publique qu'elle
n'était pas officiellement portée à la connaissance des
administrés (2); que le peuple la connaîtrait seulement en
voyant la charge de gouverneur demeurer indéfiniment
vacante; et que, comme je l'ai déjà dit, pendant le règne
de Charles-Quint lui-même, les vacances du gouvernement
avaient été fréquentes (3).

Quoi qu'il en soit, je ne sache pas que les corps représentatifs du comté fissent entendre des réclamations
contre la mesure royale. La Jointe de 1595 seule déclara
en termes généraux que les différentes provinces aimaient
à avoir un chef direct et immédiat : « résidens entre eulx,
» auxquels tant magistrats que capitaines et soldats en
» toutes occasions et subitz événements puissent avoir
» leur recours, et après par leur adsistance, faveur et cré-
» dit, avoir accès et adresse à S. M. et à son lieutenant
» général », et, pour ces motifs, elle demanda le rétablissement du gouvernement (4). Cette déclaration suffit,

---

(1) Voir les paragraphes précédents concernant les gouverneurs au
seizième siècle.

(2) Les patentes de commissaire au renouvellement des lois portent à
cette époque : 1° commissaire... N... en place du gouverneur de la
Flandre. — *Inventaire des Archives d'Ypres*, t. VII, pp. 277 et suivantes.

(3) Il faut ajouter que, pendant la période bourguignonne, il n'y avait
de gouverneur en Flandre que lorsque le souverain était absent; encore
le souverain confiait-il parfois le gouvernement à un conseil et non à un
représentant spécial.

(4) *Actes des États Généraux de 1600*, loc. cit.

toutefois, pour que je ne me porte pas garant de la clair-
voyance de Buzelinus, quand il nous représente les Flamands fiers d'être, à l'instar des Brabançons, immédiatement soumis au gouverneur général des Pays-Bas (1).

XIX.

Pendant le règne des Archiducs il avait été de nouveau
question de supprimer un gouvernement particulier, et
cette fois c'était la province elle-même et non la cour qui
en avait suggéré l'idée. A première vue, ce fait donne un
démenti flagrant à l'opinion émise par la Jointe de 1595;
mais, quand on l'étudie de près, il prend un caractère tout
spécial.

C'était aux États Généraux de 1600. Les députés du
duché de Limbourg et des trois pays d'outre-Meuse
demandèrent à Albert et Isabelle de placer leur province
dans la situation du Brabant et d'y supprimer la charge
de gouverneur. Ils disaient que cette suppression procu-
rerait une notable économie tant à la cour qu'au duché et
à ses annexes; et que les quatre hauts drossarts (de Limbourg, de Fauquemont, de Daelhem et de Rolduc) étaient
suffisants pour garder le pays, pour y faire administrer la
justice, pour y tenir les sujets en bon ordre « comme il
» avait été fait d'ancienneté. » Si leur proposition ne
pouvait être accueillie, eu égard aux circonstances du
temps, ils demandaient au moins qu'on leur donnât pour
gouverneur un seigneur *naturel*, apparenté et adhérité en
Brabant ou en Limbourg, conformément, ajoutaient-ils,
à la Joyeuse-Entrée.

---

(1) Buzelinus. *Gallo-Flandria*, loc. cit.

Quoique les États de Brabant se rangeassent avec em-
pressement aux côtés des États du Limbourg et appuyas-
sent leurs remontrances, celles-ci ne produisirent aucun
effet. Il pouvait d'autant moins être question de supprimer le gouverneur du Limbourg que, comme chef hiérarchique des quatre hauts drossarts, il maintenait presque
seul l'unité de la province; que celle-ci était province-
frontière séparée du corps des Pays-Bas par le comté de
Looz et par la principauté de Liége; qu'elle constituait
une position stratégique de premier ordre, eu égard à
l'état des relations avec la République néerlandaise et aux
événements qui se préparaient notoirement dans l'Allemagne du Nord. Quant à la demande subsidiaire de donner
le gouvernement à un seigneur brabançon ou limbourgeois
— ce qui eût impliqué la destitution de Spinola, comte de
Bruay — elle fut à son tour doucement écartée : son fon-
dement constitutionnel était plus que douteux (1).

Il n'est pas difficile de voir que les états des pays d'outre-
Meuse avaient demandé beaucoup dans l'espoir d'obtenir
quelque chose. Leur vrai souci était d'avoir un *gouverneur
naturel*, et non de ne plus avoir de gouverneur. Sentant
eux-mêmes la faiblesse du moyen de droit sur lequel ils
appuyaient la partie accessoire dans la forme, principale
au fond, de leur requête, ils comptaient bien, en soulevant
de grandes exigences, amener les souverains par amour de
la paix à une transaction, et voir désormais placer la
charge de gouverneur de la province au rang de tous les
offices de justice et de recette du pays, dont les titulaires
devaient incontestablement être nationaux en droit con-

---

(1) *Actes des États Généraux de 1600*, pp. 593, 702, 703, etc.

stitutionnel (1). Quand ils furent déboutés de leur prétentions ils ne revinrent plus à la charge.

Enfin, il est à peine nécessaire de le rappeler, pendant
la dernière période espagnole, les conquêtes de Louis XIV
arrachèrent successivement aux Pays-Bas, et pièce à pièce,
la gouvernance de l'Artois, celle de la Flandre gallicante,
et même celle de Tournai-Tournaisis : de sorte que, à la
fin du règne de Charles II, il n'y avait plus que cinq gouvernements de province en Belgique : ceux de Hainaut,
de Luxembourg, de Namur, de Limbourg et de Gueldre.
Le ressort des deux derniers était même singulièrement
amoindri. La Gueldre espagnole, on le sait, était réduite à
l'ancien *Haut-quartier* dont le chef-lieu était Ruremonde
et auquel avaient été annexés Weert et Wessem, naguère
seigneuries du comte de Hornes (2). La province de Limbourg avait perdu, à son tour, une partie notable des pays
d'outre-Meuse, à la suite du partage opéré en 1662 avec
les Hollandais, en exécution de l'article 3 du traité de
Munster (3).

XX.

Le second fait qui frappe, en étudiant la position des
gouverneurs de province pendant la dernière période de

---

(1) C'était la disposition de la Joyeuse Entrée. — Quant aux gouverneurs, comme je l'ai déjà dit, le souverain les choisissait librement.

(2) *Bydrage tot de geschiedenis van den souvereinen Raad in het
over-kwartier van Gelderland te Ruremonde*, door Lodewyck Geradts.
Leyden, 1860, pp. 41 et suivantes. La chancellerie de Gueldre fut transférée d'Arnhem à Ruremonde par ordonnance de Farnèse du 16 mars
1580. Il n'est pas inutile de rappeler que, aux termes de l'article 52 du
traité de Munster, le haut quartier aurait dû être cédé à la Hollande
moyennant un équivalent territorial.

(3) Ubaghs, *ouv. cit.*, pp. 53 et suivantes.

la domination espagnole, c'est la décadence graduelle de leur importance politique. Lors de la grande crise qui remplit le règne de Philippe II, surtout pendant l'administration de Marguerite de Parme, de Requesens, de don Juan et même pendant celle de Farnèse avant le rappel des soldats espagnols, ils avaient été à l'apogée de leur puissance. Un secrétaire du duc d'Albe parlant du comte d'Egmont en Flandre disait : « dans ce pays on ne connaît d'autre » Roi que lui » (1) On aurait pu dire la même chose de la plupart de ses collègues; et certainement de Guillaume de Nassau en Hollande, de Mansfeld en Luxembourg et plus tard de Philippe de Lalaing en Hainaut. Tous étaient placés à la même hauteur que ces fameux gouverneurs des provinces de France dont la politique personnelle eut une si grande influence sur la manière dont se déroulèrent les guerres de religion.

Trente ans à peine après la mort de Philippe II, la situation a complétement changé. Lors de la conspiration des nobles de 1632-1634, le comte de Bergh et les autres gouverneurs et grands cavaliers mêlés à ses pratiques ne peuvent entraîner ni une province, ni une ville, ni même une troupe militaire organisée (2). Tous sont réduits à se retirer en pays étranger pour fuir l'application des lois criminelles du temps. Quel est le secret de ce frappant contraste? Est-ce que, par hasard, au sortir de la révolution et pendant le règne d'Albert et d'Isabelle les attributions des gouverneurs avaient été assez ébréchées pour énerver leur influence provinciale? non. Je le montrerai tantôt. Mais les circonstances n'étaient plus les mêmes : et la

----

(1) *Correspondance de Philippe II*, t. Ier, p. 582.
(2) *Biographie nationale :* Henri de Bergh.

combinaison de quelques grands faits généraux empêchait désormais les lieutenants provinciaux du prince d'aspirer au rôle et d'imiter l'attitude de leurs devanciers. Ils étaient déjà plus matés que les gouverneurs français, après les réformes de Henri IV (1), car ceux-ci allaient encore être à même de jouer un rôle important dans les luttes de la Fronde.

Au sortir de la crise du seizième siècle, les populations belges harassées et abîmées n'étaient plus du tout disposées à suivre l'un ou l'autre esprit aventureux capable de rêver une lutte nouvelle avec la souveraineté. Elles avaient chèrement appris à distinguer les ordres que les gouverneurs de province leur donnaient, comme organes véridiques de celle-ci, des ordres qu'ils donnaient, sous le couvert du nom du Roi, mais au gré de leur politique personnelle (2). La haute aristocratie qui, dans la fidélité comme dans la rébellion, avait cru un instant dominer la marche du gouvernement, était sortie fort amoindrie de la guerre civile. Ses membres, si grands qu'ils restassent encore dans la vie sociale et dans la vie locale, n'avaient plus désormais de puissance politique autre que celle dont ils étaient investis comme officiers du prince. Tout regain d'aspirations vers la résurrection d'une féodalité nouvelle eût été de leur part un flagrant anachronisme. Ceux d'entre eux qui souhaitaient avancer rapidement dans la carrière des hauts emplois devaient tâcher, au contraire, de donner des gages de leurs attaches dynastiques, ou mieux, d'ap-

---

(1) Poirson, *Histoire de Henri IV*, passim.

(2) Il n'eût plus été possible, par exemple, de se servir de la qualité de stadthouder ou de gouverneur royal pour soulever les populations au nom du Roi contre l'armée et le gouverneur général royal.

puyer leur maison sur l'alliance de quelque race espagnole
en faveur (1).

Le souverain avait, d'ailleurs, sur notre sol, une forte
armée non-seulement régulière, mais permanente, et n'ayant
aucun caractère provincial. Dans cette armée il y avait, à
côté des corps nationaux, une foule de corps étrangers
dépendants jusqu'à un certain point d'un ministère spécial, payés par l'Espagne et non par les Pays-Bas (2) et
occupant des garnisons fixes et exclusives : les châteaux
d'Anvers et de Gand, les villes d'Ostende, de Nieuport, de
Termonde et de Charleroi (3).

Les gouverneurs de province, qui tous avaient un grade
dans l'armée, étaient engagés dans les liens d'une hiérarchie serrée, et toujours incapables de tourner contre le
prince la majeure partie des forces soumises à leurs ordres
immédiats. Ils se trouvaient vis-à-vis des gouverneurs généraux de l'époque dans la situation où leurs prédécesseurs s'étaient trouvés déjà vis-à-vis du duc d'Albe : quand
celui-ci, sans changer leurs attributions ni diminuer leurs

---

(1) Déjà, au seizième siècle, les gouverneurs généraux et le Roi lui-
même suivaient attentivement les alliances des grandes maisons et cherchaient un moyen de les diriger : *Correspondance de Philippe II*, t. Ier,
p. 545; t. II, pp. 175, 222, 227, etc., et *passim*. — On peut voir sur la
pratique du dix-huitième siècle quelques faits cités par M. Discailles dans
son récent ouvrage sur le règne de Marie-Thérèse, pp. 56 et 57; sur la
faveur dont jouissaient les seigneurs mariés à des dames espagnoles, les
Mémoires du feld maréchal de Mérode-Westerloo, p. 51, etc.

(2) A consulter sur l'armée au dix-septième siècle : la collection des
Patentes militaires; M. de Robaulx de Soumoy, *Études sur les tribunaux
militaires*; Collection de Mémoires relatifs à l'histoire de Belgique :
Mémoires de Ferry de Guyon avec les annotations et les annexes. —
Recueil des anciennes ordonnances des Pays-Bas autrichiens, 5e sér.,
t. II, pp. iv et suivantes de l'Introduction, par M. Gachard, etc.

(3) Neny, *ouv. cit.*, t. II, p. 213.

pouvoirs, les avait maintenus dans la dépendance en faisant occuper les principales citadelles du pays par des soldats à lui et par des officiers dévoués à sa fortune (1).

Le principe de l'inamovibilité des gouvernements n'avait pas été entamé, mais les conséquences qu'il pouvait avoir au point de vue de la subordination étaient singulièrement atténuées. D'une part, le pouvoir royal faisait un usage plus fréquent que jamais de *patentes provisionnelles*, et la situation générale des choses ne le contraignait plus à transformer toujours celles-ci en patentes définitives. D'autre part, il avait souvent le soin habile de faire passer les seigneurs par les petites gouvernances avant de les promouvoir aux grandes (2).

Enfin, la diminution même du nombre des gouvernements avait eu une influence directe sur la position des gouverneurs encore en charge. Les gouverneurs ne formaient plus comme jadis un faisceau compact de personnages nombreux, puissants, dirigeant tous des territoires considérables, ayant des intérêts analogues, et toujours prêts à se soutenir les uns les autres et à défendre en commun leurs prérogatives, leurs prétentions, leurs aspirations et jusqu'à leurs usurpations.

XXI.

Sans ressembler en rien à la subordination hiérarchique moderne, la soumission des lieutenants provinciaux à la surintendance des gouverneurs généraux des Pays-Bas était donc, au dix-septième siècle, incomparablement plus

----

(1) *Correspondance de Philippe II*, t. Ier, p. 561 ; t. II, p. 184.
(2) Voir les Annexes.

réelle et plus sincère qu'autrefois. Ces personnages pouvaient sans doute, comme leurs prédécesseurs, tergiverser, biaiser, usurper, et fort souvent, dans le détail des affaires, ils n'étaient plus à même de contrecarrer avec chance de succès la politique du pouvoir central ni de mettre à la soutenir une tiédeur trop marquée.

Dès les premières années de leur règne, on voit les Archiducs suspendre de l'exercice de ses fonctions et mettre aux arrêts dans ses terres un gouverneur, puissant cavalier de l'époque, qui, sous la pression de sa femme, impérieuse et altière, avait commis des abus graves (1). On les voit encore — et après eux les représentants de Philippe IV et de Charles II — essayer de contraindre les lieutenants provinciaux à tenir périodiquement les autorités centrales au courant de tout ce qui se passait d'important dans leur ressort (2). Les instructions données en 1613 au comte de Bucquoy, grand bailli du Hainaut, lui enjoignent, par exemple, de soumettre au souverain la décision de toutes les contestations qui pourraient s'élever par rapport à l'étendue de ses droits; elles lui ordonnent encore de rendre les comptes du bailliage dans une forme moins fantaisiste que celle dont ses prédécesseurs avaient introduit l'usage (3). Les instructions de Florent, comte de Berlaymont et de Lalaing, et celles de son successeur Christophe, comte d'Oost-Frise, gouverneurs du Luxembourg, vont encore plus loin. Elles les obligent à constituer chaque année, dans le conseil de la province, une commission

---

(1) Comte de Villermont, *Ernest de Mansfeld*, t. Ier.

(2) On se rappelle que les instructions générales des officiers fiscaux des Pays-Bas, données en 1603, prescrivaient des mesures tendantes au même but.

(3) Voir aux Annexes la collection où se trouvent ces instructions.

d'enquête. Celle-ci appellera dans son sein les *clercs jurés* (les secrétaires) de toutes les hautes justices ducales et seigneuriales, et les interrogera sur l'état de la religion, des mœurs, de la justice, de l'administration, de la voirie, des aisances communes, de l'agriculture, etc., dans leur office ; elle fera un rapport général au conseil qui avisera, de concert avec le gouverneur, à corriger les abus dont on aura trouvé des traces ; et le gouverneur, à son tour, informera la cour de toutes les mesures qui auront été prises. Berlaymont et Oost-Frise reçoivent en même temps l'ordre d'envoyer un conseiller dans chaque ville, au jour de la création des justices et des bourgmestres, pour surveiller la régularité des opérations et se faire en même temps rendre un compte sommaire de l'administration municipale (1).

Je n'oserais pas affirmer que toutes ces injonctions fussent toujours respectées. Mais c'est déjà un fait nouveau et caractéristique que de les trouver dans un document officiel.

XXII.

J'arrive aussitôt à ce qui concerne les attributions proprement dites des lieutenants provinciaux. Comme je l'ai déjà fait entendre, elles étaient restées fort considérables.

Les Archiducs n'avaient pas apporté de changements aux institutions du pays ; et les derniers Habsbourg d'Espagne, au milieu de leurs malheurs, n'eurent ni le loisir, ni peut-être même le goût, de modifier dans un sens centraliste les anciens ressorts de l'administration. Forts

---

(1) Voir la note précédente. — La création des justices dont il est question ici est celle qui se faisait sous l'empire de la loi de Beaumont.

jaloux de diriger sans l'ombre d'entraves ni de discussions
la politique générale de leur monarchie expirante et celle
des différents États qui la composaient encore, ils modi-
fièrent à peine les rapports respectifs des agents représentant la souveraineté à des degrés divers de la hiérarchie.
Il ne témoignèrent guère, par exemple, le souci de con-
centrer aux mains de leur lieutenant général de Bruxelles
les attributions données par leurs prédécesseurs aux gouverneurs de province (1).

L'effort conscient et suivi du pouvoir, à l'endroit de ces
derniers, ne porta que sur deux points : les contraindre
à respecter les restrictions légales, déjà mises à leur
influence, mais dont jadis ils se riaient avec impunité; les
contraindre à compter sérieusement avec les gens de robe
qui les entouraient. Hors de là, la plupart des atteintes,
portées au dix-septième siècle à l'autorité des grands
dignitaires dont je m'occupe, furent moins la conséquence
de la politique de la cour que celle de la marche naturelle
des événements, du développement et de la transformation
des rapports sociaux, de l'émancipation de différents ressorts judiciaires et administratifs d'une tutelle qui com-
mençait à leur peser, enfin de la spécialisation graduelle
d'une foule de services publics. On se rendra facilement
compte de la réalité du fait que je signale, en pénétrant
un instant dans le détail de la matière.

S'il est certain que les gouverneurs de province, depuis
la mort d'Albert et d'Isabelle, furent moins mêlés que
leurs devanciers à l'administration générale des Pays-Bas

---

(1) Vers 1684, toutefois, il est à remarquer que le renouvellement *des
lois*, en Flandre, se fit par le gouverneur général et non plus par *commissaires* Gachard, *Collection de documents inédits relatifs à l'histoire de
Belgique*, t. III, p. 37.

espagnols, il est également certain qu'il n'existait encore aucun parti pris de les en exclure. Les gouverneurs subirent simplement le contre-coup de l'introduction de la noblesse de second ordre dans le conseil d'État (1); de la décadence politique de l'ordre de la Toison d'or (2); de la transformation du conseil des finances, où les charges de *chef*, toujours occupées par de grands cavaliers, furent *supprimées* (3), et surtout de l'annulation de fait dont le conseil d'État fut trop souvent la victime au profit de *Jointes*, toujours arbitrairement composées par les gouverneurs généraux et presque toujours peuplées en majorité d'étrangers (4).

Ce furent encore les changements opérés dans la stratégie, combinés avec les développements de l'organisation de l'armée, qui ébréchèrent leurs pouvoirs militaires. Les opérations de la guerre se faisaient sur une échelle de plus en plus vaste : elles n'avaient plus pour base habituelle la ligne de places fortes d'une seule province, mais ou toute la frontière du midi ou toute celle du nord et de l'orient; et c'était naturellement un seul chef nommé par la cour et révocable par elle qui les dirigeait comme généralissime.

En second lieu, la distinction profonde qui existait, dès

---

(1) A la mort de Charles II, il n'y avait pas un seul membre de la *première aristocratie militaire* du pays dans le conseil d'État, bien qu'on y trouvât des seigneurs. Voir le *Recueil des anciennes ordonnances des Pays-Bas autrichiens*, 3ᵉ sér., t. II, p. IV.

(2) Depuis la fin du seizième siècle cette décadence se fait sentir.

(3) Neny, *ouv. cit.*, t. II, p. 100.

(4) A. Wauters, *Histoire de Bruxelles*, t. II, p. 44, 45. — *Bulletins de la Commission royale d'histoire*, 3ᵉ sér., t. VII, p. 100 : Consulte de 1678 sur les désordres qui s'étaient glissés dans le gouvernement pendant la guerre.

le seizième siècle, entre les troupes de garnison proprement dites et les troupes mobiles destinées à faire campagne, s'était encore accentuée. A la différence d'autrefois,
les troupes de garnison seules étaient restées sous la
direction des capitaines généraux des provinces. Les
autres, qu'elles fussent nationales ou étrangères, quand
elles étaient cantonnées ou rassemblées dans le ressort d'un
d'entre eux, pouvaient être requises par lui pour la défense du sol ou pour un service d'ordre public; elles recevaient ses ordres par rapport aux logements ou aux étapes;
mais elles n'étaient plus de plein droit soumises à son
commandement en matière de discipline hiérarchique et
d'opérations militaires. Pour qu'un gouverneur fût désormais le véritable chef du corps d'armée occupant son territoire, il lui fallait ou une patente spéciale ou une clause
particulière dans ses patentes ordinaires (1).

Les gouverneurs du dix-septième siècle avaient vu en
outre, et très-tôt, diminuer le nombre de ces levées de
feudataires et de milices rurales, dont ils étaient les chefs
naturels, et qui donnaient un si grand relief militaire à

---

(1) Je vois le comte d'Oost-Frise, déjà gouverneur et capitaine général
de Luxembourg, le comte de Bucquoy, grand bailli et capitaine général
du Hainaut, recevoir respectivement en 1632 et 1637, des patentes qui
leur confèrent le commandement des gens de guerre en campagne rassemblés dans leur ressort. Quand, en 1636, le comte d'Isembourg passe à
la gouvernance de l'Artois, on lui donne une commission particulière pour
commander *pendant un an* l'armée mobile réunie dans le comté. En 1638,
le général Beck commande l'armée du Luxembourg, et c'est seulement en
1642 qu'il devint gouverneur et capitaine général de la province. Depuis
1635, le marquis de Lede est stadthelder du Limbourg, c'est seulement en
1640 qu'il devint gouverneur de la Gueldre; et cependant, dès 1637, il est
fait généralissime de tous les gens de guerre entre le Rhin et la Meuse.
Les faits que je cite ne sont pas évidemment des faits isolés; une foule
d'autres, de la même espèce, doivent avoir échappé à mes recherches.
Voir la preuve de ceux-ci dans les sources citées aux Annexes.

leurs prédécesseurs. Déjà, en 1632, les États Généraux
demandaient qu'on leur défendît d'employer les villageois
à la garde des rivières, ponts, forts et redoutes, ou de
composer avec eux pour racheter « telles gardes » : « ains
» que le plat pays en payant ses aides sera tout à fait
» francq et libre de semblables servitudes, ne fust occasion
» de péril évident de l'ennemi (1) ; » et, à la fin du siècle,
les rassemblements des fieffés eux-mêmes étaient tombés
entièrement en désuétude (2) : il ne pouvait être question
d'opposer aux vétérans de Louis XIV des forces tumul-
tuaires, si braves que pussent être la plupart des éléments
dont elles auraient été composées.

Enfin, les réformes opérées par Farnèse dans l'administration de la justice militaire, et spécialement l'établissement de la hiérarchie des auditeurs, avaient réduit
presque à rien la juridiction qu'exerçaient jadis, à l'endroit
des gens de guerre, les capitaines généraux territoriaux.
Ceux-ci, en résumé, n'avaient guère conservé intactes
que leurs anciennes attributions relatives à la police militaire de leur ressort, à la garde, à l'entretien, à l'appro-
visionnement des places fortes; et ces dernières avaient
encore reçu une atteinte à la fin du siècle, quand les Hollandais occupèrent, à *titre d'alliés,* un certain nombre de
nos villes fortifiées : entre autres Mons, Namur et Luxembourg (3).

---

(1) *Actes des États Généraux de 1632*, p. 374.

(2) Voir, entre autres, de Robaulx de Soumoy, *Étude historique sur
les tribunaux militaires*, p. 27 en note.

(3) Sur cette occupation, le *Recueil des anciennes ordonnances*, cité
3ᵉ sér., t. II, p. V.

XXIII.

Sans qu'on songeât *ex professo* à limiter la mission qu'exerçaient jadis les lieutenants provinciaux comme agents politiques à l'extérieur ou à l'intérieur, cette mission finit par se réduire à peu de chose, par cela même qu'ils eurent moins l'occasion de l'exercer.

Grâce aux progrès des communications ainsi qu'aux progrès des relations diplomatiques; par suite, hélas! de l'amoindrissement du territoire, on savait toujours aussi bien et presque aussitôt à Bruxelles qu'à Mons, à Limbourg, à Namur, à Luxembourg et même à Ruremonde, ce qui se passait en Allemagne, en Hollande, en France. Le temps des grandes agitations municipales était passé, sauf en Brabant; les villes, soumises à la situation que les circonstances et la politique des princes leur avaient faite, entraient souvent en rapports directs avec la cour et ne cherchaient plus à étendre leurs priviléges au delà de ce que cette dernière estimait être juste (1).

La noblesse des campagnes perdait de jour en jour son antique caractère de turbulence. Les officiers fiscaux des conseils de justice avaient partout affermi leur position. Dans la pratique des choses, c'étaient eux qui surveillaient les officiers de justice, qui s'évertuaient à leur donner une impulsion, qui maintenaient les seigneurs

---

(1) Il est à remarquer qu'à Tournai le magistrat avait été réduit au dix-septième siècle. A cette occasion, en 1666, le gouverneur consentit à n'avoir plus que deux voix et le grand bailli *une* dans les assemblées municipales. Voir Gachard, *Collection de documents inédits concernant l'histoire de Belgique*, t. 1er, p. 29.

dans l'ordre et dans la paix moins par la force que par la menace de poursuites criminelles, qui, dans toutes les sphères, prenaient en main la défense des droits et des aspirations de la souveraineté. Je ne crois pas qu'ils eussent déjà osé contrecarrer les vues du gouverneur, s'ils en avaient un pour chef du conseil auquel ils étaient attachés; mais, à coup sûr, n'attendaient-ils plus son impulsion pour agir (1).

Les gouverneurs continuèrent à convoquer comme jadis les états de leur province et à traiter le plus souvent avec eux au nom du prince; seulement ils n'auraient déjà plus osé, sauf en cas de nécessité immédiate et absolue, méconnaître le principe posé au siècle précédent par la cour, et lancer sans son aveu une convocation des corps représentatifs (2). D'un autre côté, le pouvoir central, quand il croyait la mesure utile à ses intérêts, n'hésitait plus jamais à envoyer aux états un commissaire spécial ou, tout au moins, à adjoindre au gouverneur commissaire soit un seigneur de la cour, soit le chancelier ou le président du conseil de la province. Je ne puis signaler qu'un

-----

(1) L'histoire du développement de l'action des fiscaux est une des parties les plus importantes de l'histoire interne de la Belgique. On peut voir dans les œuvres diverses de Wynants, par exemple, combien les offices fiscaux étaient déjà actifs et puissants avant même que le système général des Habsbourg d'Autriche ait pu produire ses conséquences.

(2) En Gueldre, les États prétendaient au droit de se réunir quand ils le voulaient. Ce droit était, au fond, établi en titre et sur des bases historiques; voir : *Bydragen*, etc., de Geradts, *ouv. cit.*, pp. 19, 35. Les souverains des Pays-Bas avaient depuis longtemps travaillé à restreindre ce droit, qui ne cadrait pas avec l'ensemble des institutions des Pays-Bas, et même à l'abolir. Dans les instructions des stadthouders, depuis 1640, il leur est toujours enjoint de faire cesser toute session indue des États. — Pour Namur : *Annales de la Société archéologique de Namur*, t. X, pp. 322, 523.

seul amoindrissement sensible, et tout à fait nouveau,
apporté à cette époque à l'influence des lieutenants provinciaux sur les états : c'est la privation du pouvoir discrétionnaire qu'ils avaient eu jadis pour y introduire les
gentilshommes. Il fut la conséquence directe de l'émanation de règlements précis et sévères fixant les conditions
d'admissibilité des nobles aux ordres équestres. Le gouverneur de Namur et le grand bailli du Hainaut continuèrent simplement à intervenir avec voix délibérative, et
parfois décisive, à l'admission des récipiendaires (1).

Dans les provinces où les gouverneurs étaient chefs
d'un conseil de robe longue ou d'un grand bailliage,
presque rien ne fut changé à leur position judiciaire.
On voit notamment le style du conseil de Gueldre du
20 juillet 1609, régler absolument comme l'édit du
20 octobre 1547 les attributions du stadthouder (2).
Celui-ci est maintenu comme premier chef du conseil
avec voix délibérative, droit de semonce, droit de mettre
les affaires en délibération, droit de convocation; et, de
même que jadis, aucune affaire importante ne peut être
mise en délibération sans qu'on l'avertît d'avance, ou
même sans qu'on l'attendît s'il était dans le ressort. Tout
au plus appliqua-t-on, peut-être, dans le Luxembourg, un
article de l'acte d'érection du conseil contredit par les
instructions des gouverneurs au seizième seicle : celui qui
donnait au président, même en présence du lieutenant

---

(1) Voir sur ces règlements : Lacroix, *Archives*, etc., volume cité
p. 253. — *Bulletins de la Commission royale d'histoire*, 5ᵉ sér., t. VIII,
p. 458. — *L'Almanach de la Cour*, de Tarlier et Wauters.

(2) L'édit de 1547 est publié dans Schrassert, *Codex Gelro-Zutphen*,
t. II, pp. 75 et 82, et analysé dans Pontanus, pp. 850-851. — Celui de
1609 est publié dans les *Placards de Brabant*, t. Iᵉʳ, pp. 72-73 et analysé
dans l'ouvrage cité de Geradts, p. 45.

du prince, le droit de mettre les affaires en délibération et de recueillir les voix. J'aurai l'occasion plus loin de parler de ce qui se fit en Hainaut.

Pour ce qui touche à l'exercice du droit de grâce, et à la collation des octrois dépendants de la souveraineté, le pouvoir central ne toucha pas encore aux prérogatives du grand bailli de Hainaut. Il poursuivit et réprima dans la mesure du possible les abus commis par les gouverneurs des autres provinces. Depuis 1640 il limita même dans des termes plus précis que jadis les droits de la chancellerie et du stadthouder de la Gueldre. Il leur défendit impérativement de délivrer encore les grâces et octrois réservés au prince par le droit, les édits et l'usage ; les passeports réels et personnels ; les octrois d'amortisation, les autorisations pour l'établissement de nouveaux cloîtres, colléges et communautés. Il leur enjoignit, en outre, de ne plus dispenser par dépêche des placards de S. M. Au stadthouder, en particulier, il interdit d'introduire des tonlieux, gabelles, *licentes*, droits de passage, sans l'aveu de la cour ; et d'accepter des gages ou pensions, soit des états de Gueldre, soit des puissances étrangères (1). Ces mesures étaient à la fois la continuation de la lutte sourde entreprise contre les allures trop individuelles et trop indépendantes, aux yeux de la cour, de la chancellerie gueldroise, et une réaction contre les errements que le comte Henri de Bergh avait suivis. Le comte, en effet, succédant dans le stadthoudérat d'une province éloignée du centre et fort privilégiée à son père et à ses frères, étant seigneur *naturel* dans sa province, avait fini par s'y conduire presque en

---

(1) Voir les instructions des stadthouders depuis 1640. — Le style de 1609 se bornait, pour ainsi dire, à limiter en quelques points le droit de grâce en matière criminelle.

souverain et par y exercer un pouvoir quasi absolu (1).

Les souverains, sans chercher encore à priver leurs lieutenants provinciaux de la faculté de conférer des offices, prétendirent au moins limiter celle-ci plus que jadis, et l'établir sur des bases fixes (2). J'ai déjà parlé des mesures prises par eux, à cet effet, dans le Luxembourg, à propos des instructions données aux comtes de Berlaymont et d'Oost-Frise. J'ajouterai que, dans les instructions du comte de Bucquoy, créé grand bailli du Hainaut en 1613, ils introduisirent des dispositions conçues dans le même esprit, mais d'une application immédiate et non subordonnée aux résultats d'une enquête préalable. Les Archiducs maintinrent la prérogative antique du grand bailli dans son ensemble : seulement ils se réservèrent le droit de nommer le premier clerc du grand bailliage du Hainaut, le prévôt des maréchaux et le quartier-maître du comté; ils défendirent au nouveau promu de disposer, à l'instar de quelques-uns de ses prédécesseurs, de la charge de prévôt-le-comte à Valenciennes; ils ne lui laissèrent, à l'endroit des quelques charges réservées, que le droit d'être entendu (3).

En Limbourg, où le droit de nomination aux offices était vivement disputé au gouverneur et par la Chambre des comptes et par le chancelier de Brabant, les gouverneurs généraux intervinrent dans la querelle. Sans s'adjuger en-

---

(1) *Biographie nationale*. Verbo : Henri de Bergh.

(2) A Namur, cependant, je pense que les choses restèrent dans le *statu quo*. — *Annales de la Société archéologique de Namur*, t. X, p. 323.

(3) Voir les instructions du comte de Bucquoy aux sources citées dans les Annexes, et, dans les *Bulletins de la Commission pour la publication des anciennes lois et ordonnances*, t. II, p. 130, les instructions du duc d'Aremberg en 1754. Elles reproduisent les restrictions imposées pour la *première fois* au grand bailli en 1613, en y ajoutant des restrictions nouvelles dont je parlerai plus loin.

core la pomme de discorde, ils établirent par un règlement
provisionnel de 1642, que : « les offices des bancs subal-
» ternes, tels que écouteteries, mairies, greffes, foreste-
» ries, sergenteries et autres, seraient conférés au nom
» du prince par les chanceliers et gens du conseil de Bra-
» bant, à charge de rapport au gouverneur général s'il
» s'agissait d'un office de marque; et que les gouver-
» neurs ne nommeraient plus que les échevins du pays,
» sur présentation des bancs, et à charge de rapport préa-
» lable comme devant (1). »

Il ne fut pas encore question d'enlever aux gouverneurs
du Luxembourg et de Namur le droit de renouveler les
lois, que conservait ainsi le gouverneur du Limbourg (2).
Ce fut seulement en Hainaut que, en 1613, les Archiducs
essayèrent de se réserver la nomination du chef de l'échevinage et de cinq échevins, tant à Mons qu'à Valenciennes;
et que, laissant au grand bailli la nomination des autres,
ils prétendirent l'astreindre à se concerter avec eux « affin
» qu'il puisse prendre avis et information pour bien agir. »
Mais leur innovation ne se consolida pas; elle eut même
de la peine à se faire accepter au dix-huitième siècle
comme nous le verrons (3).

---

(1) *Bulletins de la Commission pour la publication des anciennes lois
et ordonnances*, t. V, pp. 298, 302, 303, 304, etc. — Le droit de présentation des bancs remontait à un privilége de 1556; un grand nombre de
documents, s'y rattachant, sont rassemblés dans le Manuscrit n° 13778
de la Bibliothèque royale.

(2) Pour Namur, *Annales de la Société archéologique de Namur*,
t. X, p. 323.

(3) Instructions citées du comte de Bucquoy, et *Bulletins de la Commission pour la publication des anciennes lois et ordonnances*, t. II,
pp. 84 et suiv., *passim*.

XXIV.

Il me reste maintenant à parler des relations des gouverneurs du dix-septième siècle avec les gens de robe ou,
si l'on veut, avec les conseils de justice qui les entouraient.
On a vu quelle était la nature de ces relations avant le
règne d'Albert et d'Isabelle. Les lieutenants provinciaux,
hommes d'épée, tenaient les membres des *consaux* au rang
de collaborateurs tout à fait subalternes, malgré les inten-
tions de la cour et malgré la lettre de leurs instructions.
Beaucoup d'entre eux avaient même pris l'habitude — fait
peu important à première vue, mais au fond très-carac-
téristique, — de contraindre les membres des tribunaux
supérieurs à venir siéger, à leur réquisition, à l'hôtel de
la gouvernance, au lieu de se rendre eux-mêmes dans
la chambre du conseil. Une représentation du conseil de
Namur, du 28 février 1635, nous donne de piquants renseignements sur l'atteinte que cette pratique portait au
prestige de la magistrature. J'en veux citer un extrait.

Après s'être plaints de ce que pour parvenir à la salle de
l'hôtel de la gouvernance, il fallait monter un escalier
« fort haut et fascheux pour les vieillards et goutteux, » et
de ce que la salle elle-même, où pénétraient tous les bruits
du dehors, était peu propre aux délibérations, les rédac-
teurs de cette représentation ajoutaient : « En outre l'on
» a reconnu que, pendant que l'on tient le rolle, qui est
» en l'antichambre dudit seigneur Duc (d'Arschot), ou de
» sa dame compaigne, les domestics et aultres estrangers
» y survenus pour visites ou affaires, ne font que passer
» et repasser à travers la place dudit rolle, les uns sif-
» flans, les aultres chantans et faisans aultres choses

» semblables : et quand le rolle est fini et levé, les valets
» et lacquais attendants leurs maistres, estans en visites,
» jouent aux cartes, se couchent et s'endorment sur la
» table dudit rolle; et lorsque nous sortons ils ne daignent
» quelquefois se lever ni quitter leurs chapeaux : ce qui
» tend au despect et disréputation de la justice. Finale-
» ment (ce qui est bien le principal) il n'est à notre avis
» bienséant que la justice soit domesticque ou logée sous
» les gouverneurs, d'autant qu'ils ont souvent leurs affec-
» tions et intérests particuliers : par où, si l'assemblée se
» faisait chez eux, la liberté des opinions pourrait estre
» empeschée (1). »

Au dix-septième siècle, le pouvoir central prit peu à peu
un ensemble de mesures pour mettre fin à cette domination absolue et parfois humiliante, exercée par les lieutenants provinciaux sur la magistrature. Répondant à la
remontrance du conseil de Namur, dont je viens de parler,
il permit à ce corps « quant à présent et jusqu'à nouvel
» ordre » de ne plus tenir ses séances dans l'hôtel du gouverneur; et, que je sache, le *nouvel ordre* ne fut jamais
donné (2). Au gouverneur du Luxembourg et au stadthouder de Gueldre il défendit de mander le conseil devant
eux à moins de nécessité absolue; et exprima la ferme
volonté qu'ils allassent toujours prendre, le cas échéant,
son avis, dans la salle ordinaire des délibérations (3).

----

(1) *Bulletins de la Commission royale d'histoire*, 2ᵉ sér., t. V, p. 226.

(2) *Idem.* Apostille mise au bas de la remontrance. Je pense que la
forme provisionnelle de la décision est due à la position dans laquelle le
duc d'Arschot se trouvait alors vis-à-vis du pouvoir. Il était impliqué
dans la conspiration des nobles; et sans doute on ne voulait pas avoir
l'air d'exercer une vengeance contre lui avant qu'il fût condamné.

(3) Instructions des comtes de Berlaymont, d'Oost-Frise, des stadthouders de Gueldre après 1640, etc.

D'accord avec les états généraux les souverains s'attachèrent dès le commencement du siècle à réprimer l'omnipotence que, très-souvent, les gouverneurs s'étaient
arrogée dans le règlement des matières judiciaires dépendant des tribunaux supérieurs. « Qu'il soit bien estroi-
» tement défendu, disaient les États Généraux de 1632,
» aux chiefs des consaux de justice, de surseoir à la
» despêche ou exécution d'aucune sentence, décret ou
» appoinctement résolu par ceulx du conseil en nombre
» compétent, ny de refuser le paraphe aux résolutions
» prises par le conseil, ains qu'ils ayent à donner et
» laisser le cours de justice libre (1). » Il était donné
satisfaction à cette exigence si légitime, notamment
dans les instructions des gouverneurs de Luxembourg et
de Gueldre. Dans les premières, la cour disait au comte de
Berlaymont, au comte d'Oost-Frise et à leurs successeurs : « Estant nostre volonté que vous ne vous meslez
» de la charge du conseil sinon en corps avec les aultres
» du collége. » Dans les autres, au moins depuis 1640,
elle défendait au stadthouder de changer aucune décision prise par le conseil à la pluralité des suffrages, et
d'en arrêter ou d'en suspendre l'exécution. Tout ce qu'elle
voulait bien lui permettre, c'était, le cas échéant, de pro-
voquer un nouveau vote à la semonce du chancelier (2).

Enfin, dans les matières politiques et administratives
qui, en *théorie du moins*, étaient de tout temps de la
compétence collective des gouverneurs et des conseils,
sauf à certains égards en Hainaut et en Gueldre, le pouvoir royal essaya d'obtenir qu'elles fussent toujours et

---

(1) *Actes des États Généraux de 1632*, p. 384.

(2) Voir, par exemple, les instructions du marquis de Lede aux sources
indiquées dans les Annexes.

partout traitées *collégialement*. C'était vouloir que la loi
des majorités fût respectée, qu'elle s'accordât ou non avec
l'opinion exprimée par le lieutenant du prince. C'était
donner implicitement aux conseils le droit de trancher les
questions de l'espèce qui se présentaient, au nom collectif
du gouverneur et du conseil, même quand le gouverneur
n'était pas présent. Je le montrerai d'abord, par rapport
aux provinces de Luxembourg, de Gueldre et de Namur,
où la cour parvint assez tôt, quoique non sans luttes, à
faire prévaloir son système. Je toucherai en terminant ce
qui concerne le Hainaut, où elle échoua complétement au
dix-septième siècle.

Par rapport au Luxembourg, la volonté du prince se
trouve exprimée dans la phrase des instructions du comte
de Berlaymont et de ses successeurs que j'ai citée plus
haut : elle s'applique notoirement aux matières politiques
et administratives, comme aux matières judiciaires. Par
rapport à la Gueldre, elle est formulée avec une précision
d'autant plus grande dans les instructions des stadthouders, postérieures à 1640, qu'elle tend à introduire quelques innovations, non-seulement de fait, mais encore de
droit. Toutes les matières, est-il dit dans ces documents,
toutes les matières regardant la publication, l'exécution,
l'observation des édits du prince et les contraventions qui
y seraient faites; toutes celles qui concernent la police de
la province, les grâces, la concession des foires et des
marchés, les octrois dépendant de la chancellerie de la
province, « se debveront traicter en l'assemblée du con-
» seil, et au lieu accoustumé d'icelle, ou quand le dict
» gouverneur se trouvera présent *aussi bien qu'en toutes*
» *aultres assemblées en son absence.* » Elles se résoudront
à la pluralité des voix sans que personne puisse limiter la
liberté des suffrages *ni se prévaloir d'abus commis par les*

gouverneurs précédents. On peut ajouter que les mêmes instructions subordonnaient encore à l'avis préalable du chancelier et du conseil l'exercice du droit, compétent au stadthouder, de conférer les *vicairies, chapellenies, costreries*, au nom du prince, et de *nommer* aux cures à l'intervention de l'évêque de Ruremonde et suivant les règlements existants (1).

Des principes analogues furent établis à propos du comté de Namur, sans que je puisse produire l'acte dans lequel ils furent formulés pour la première fois. J'en trouve la preuve dans une relation du prince Charles de Lorraine à Marie-Thérèse en 1779. Le prince cite comme un fait ancien et enraciné : « Que le conseil de Namur,
» qui a un chef gouverneur (et le conseil de Luxembourg
» lorsqu'il en avait un) se décident et se décidaient res-
» pectivement sur toutes les affaires de leur compétence,
» soit que le gouverneur chef de leur compagnie y fût ou
» n'y fût pas (2). »

En Hainaut, il est hors de doute que la fusion de la noble et souveraine cour de Mons et du conseil ordinaire, opérée pour la première fois par Albert et Isabelle en 1611, était autant conçue dans le dessein de brider l'omnipotence du grand bailli que dans celui de mettre un terme à d'innombrables conflits de juridiction. En effet le décret de 1611 attribuait au nouveau consistoire, dont le grand bailli restait chef, une foule de prérogatives et de pouvoirs que ce dernier exerçait jadis seul ou, tout au plus, après avoir *consulté* les gens du conseil ordinaire :

---

(1) Voir ces instructions, *loc. cit.*, aux Annexes. Les termes de l'ordonnance du 20 juillet 1609 laissent planer un certain doute sur le pouvoir propre du *stadthouder* en matière de grâces.

(2) *Bulletins de la Commission pour la publication des anciennes lois et ordonnances*, t. II, pp. 143-144.

8

et l'on vit les états, d'accord avec le grand bailli dont ils prenaient en main la cause, travailler avec ardeur à obtenir le retrait du décret en question. Les états arrivèrent en partie à leurs fins en 1617.

La disjonction des deux conseils fut de nouveau opérée; mais, en ce qui concerne les restrictions mises à l'omnipotence personnelle du grand bailli, le pouvoir central ne voulut pas céder entièrement. Un règlement de 1617 et un autre de 1624, confirmé en 1639 (1), enjoignirent derechef à ce grand dignitaire d'agir *collégialement* avec les gens du conseil ordinaire dans les cas tenant à la souveraineté du grand bailliage. Il est vrai que ces règlements, s'ils ne furent jamais formellement abrogés, ne furent, d'autre part, jamais acceptés dans la pratique du dix-septième siècle. Les gens du conseil ordinaire , s'appuyant sur leur texte, prétendaient bien par intervalles que le grand bailli était obligé d'agir collégialement avec eux et qu'en corps, même en l'absence de leur chef, ils avaient le droit d'agir en nom collectif du grand bailli et du conseil. Le grand bailli en appelait aux chartes générales du comté. Il soutenait, non sans raisons très-sérieuses, que les souverains n'avaient pu disposer en contradiction avec elles sans l'accord des états. Il était appuyé par ces derniers, pour ne pas dire par la population entière du comté. Il se maintenait obstinément en possession de ses prérogatives antiques, sans que le pouvoir central reprît sa lutte contre lui, sans doute faute d'occasion favorable (2); et il lui arrivait même de faire

---

(1) Pinchart, *ouv. cit.*, pp. 48-60 et sources citées.

(2) Pinchart, *ouv. cit.*, chap. VI. — *Bulletins de la Commission pour la publication des anciennes lois et ordonnances*, t. II, pp. 84 et suivantes. — Gachard, *Mémoire sur l'ancienne législation des octrois*,

exécuter *manu militari* les actes qu'il avait faits et dont le conseil ordinaire contestait la validité (1). Nous verrons les luttes, dont je signale l'existence, se reproduire au dix-huitième siècle et recevoir alors une solution telle quelle.

XXV.

Le manque de documents authentiques ou d'indications plus détaillées, puisées dans les mémoires politiques du temps, m'oblige à borner là mes observations sur le dix-septième siècle. Je passe donc sans transition à la période troublée qui s'étend entre la mort de Charles II et la prise de possession des Pays-Bas espagnols par les Habsbourg d'Autriche.

Philippe V d'Anjou n'eut en Belgique qu'un règne éphémère. Il ne conserva pas intactes, pendant trois ans, les provinces des Pays-Bas que le dernier descendant mâle de Charles-Quint lui avait léguées (2). En réalité, depuis l'occupation de la Gueldre par les alliés jusqu'à

---

pp. 1, 2, 3, 4, etc., et *passim*. — Pendant la vacance du grand bailliage le conseil ordinaire accordait les octrois sans que son droit fût contesté. Il y a une foule d'exemples dans l'*Inventaire analytique des archives de la ville d'Ath*.

(1) *Bulletins de la Commission pour la publication des anciennes lois et ordonnances*, t. II, p. 116 en note. — Pinchart, *ouv. cit.*, p. 75.

(2) Il perdit la Gueldre en 1702, le Limbourg en 1703, le Brabant en 1706, la Flandre en 1706, puis derechef en 1709, le Hainaut en 1709 et 1710; enfin, d'accord avec son aïeul Louis XIV, il laissa dès 1711 l'électeur Maximilien de Bavière prendre possession de la souveraineté du Luxembourg et du Namurois. *Recueil des anciennes ordonnances des Pays-Bas autrichiens*, 3e sér., t. II, Introduction, p. XLVIII, LIV, LVI, pp. 505 et 470. L'électeur de Bavière fut inauguré solennellement à Namur le 17 mai 1712 et le 29 du même mois à Luxembourg. Il avait pris possession de fait dès le mois de juillet 1711.

l'exécution du traité des Barrières, trois moteurs différents se disputèrent sur notre sol la direction des affaires : le gouvernement bourbonien qui, chaque année, perdait du terrain; la conférence établie par les puissances alliées dont les armées faisaient de continuels progrès; l'électeur de Bavière, momentanément souverain des deux provinces du sud-est. Sans compter que le roi Charles III, devenu plus tard l'empereur Charles VI, avant même que d'être mis en possession des Pays-Bas, y envoya des plénipotentiaires et des représentants cherchant à faire accepter leur autorité et leur influence, en dépit souvent de la conférence anglo-batave. Cet état des choses complique un peu ma tâche : il me force à parler de la même période à plusieurs points de vue différents.

Je n'ai pas à m'appesantir ici sur les caractères généraux du régime anjouin en Belgique. Ils ont été trop bien mis en lumière par un savant académicien, M. Gachard, dans un travail que chacun connaît (1). Je me contenterai de rappeler comment le pouvoir nouveau souleva au nom de l'idée de la souveraineté, qui avait déjà grandi d'une manière continue pendant des siècles, des prétentions nouvelles et exorbitantes, et comment, centraliste à outrance, il plaça dans le gouvernement général du pays et dans son entourage la source exclusive de tout le mouvement politique, en réduisant les agents provinciaux du prince à n'être que des instruments presque passifs.

La grande situation conservée par les lieutenants provinciaux pendant les règnes de Philippe IV et de Charles II ne cadrait plus du tout avec le système nouveau qu'il s'agissait de faire prévaloir. Elle ne tarda pas à être

---

(1) L'Introduction citée à la note précédente.

ébranlée par l'effort direct du pouvoir, dans le court espace de trois ans, plus fortement que pendant le dix-septième siècle tout entier.

Pour se convaincre de la réalité du fait que je signale, il suffit de se rendre compte de la transformation opérée par Philippe V dans le gouvernement général des Pays-Bas par le diplôme du 2 juin 1702 (1); de parcourir l'ordonnance du 10 avril de la même année portant règlement pour l'organisation et la discipline des troupes de la monarchie espagnole (2); de prendre connaissance, enfin, du décret du 30 décembre 1703 sur l'autorité et les gages des gouverneurs et souverains baillis des provinces, ainsi que des gouverneurs de Gand, d'Anvers et de Bruxelles (3).

Au point de vue qui nous occupe, je ne veux relever dans le diplôme du 2 juin 1702 que quatre dispositions : la suppression des conseils collatéraux et leur remplacement par un conseil unique dit *le conseil du roi;* la création de la charge de procureur général du roi près de ce conseil; la création des charges d'intendants et de subdélégués subordonnés à un surintendant général des finances; la fusion renouvelée de la noble et souveraine cour de Mons et du conseil ordinaire du Hainaut.

La suppression des conseils collatéraux brisa le lien qui, déjà assez lâche, rattachait encore les gouverneurs de province à l'administration générale des Pays-Bas. Aucun d'entre eux ne siégeait, à titre permanent, dans ce nou-

---

(1) *Recueil des anciennes ordonnances*, cité, t. II, pp. xix et 231. — *Placards de Brabant*, t. VI, p. 1.

(2) *Recueil des anciennes ordonnances*, t. II, p. 199. — *Placards de Brabant*, t. VII, p. 121.

(3) *Recueil des anciennes ordonnances*, t. II, p. 470. — *Placards de Brabant*, t. VII, p. 149.

veau conseil unique où des ministres de robe seuls entouraient le représentant du monarque ; et si, dans des cas
exceptionnels, ils pouvaient y être appelés et entendus, ce
n'était plus comme chefs civils et politiques d'un vaste
ressort : c'était plutôt comme officiers généraux.

L'établissement d'un procureur général près le pouvoir
central déchargeait, ou, si l'on veut, privait entièrement
les lieutenants provinciaux de la surintendance sur le fait
de la justice et du soin de veiller à la garde des droits et
des hauteurs de la souveraineté qui leur compétaient
encore dans certaine mesure. C'était désormais ce nouveau
fonctionnaire qui devait *avoir l'œil* sur tous les conseils,
tribunaux subalternes, officiers des villes et du pays, et
pourvoir à ce qu'ils suivissent leurs instructions et obser-
vassent les placards ; c'était lui qui était chargé de faire,
tous les ans, une visite dans chaque province et dans
chaque ville, pour rechercher ce qui s'était fait contre les
ordres du roi, les placards publiés en son nom, les droits
de la souveraineté, le bien et le repos des sujets.

Le nouveau surintendant des finances avait, de son côté,
mission d'intervenir par ses intendants (1) ou par les subdélégués de ceux-ci, à l'audition des comptes des états,
des villes, des châtellenies et des quartiers. Toutes les
commissions données antérieurement pour cette audition
— et partant celles qui émanaient des gouverneurs comme
les autres — étaient révoquées. Il allait de soi, au surplus,
que les intendants allaient empêcher, à l'avenir, les gouverneurs d'exercer une surveillance quelconque sur les
officiers des finances, et que peu à peu ils auraient même

____

(1) A la fin du dix-septième siècle le gouvernement espagnol avait tenté
aussi d'établir des intendants, mais ceux-ci n'avaient pu se maintenir.

trouvé le moyen d'ébrécher le droit d'édicter ou de faire des règlements d'administration, afférent, comme on se le rappelle, à certains lieutenants provinciaux de concert avec leur conseil de justice (1).

La fusion de la noble et souveraine cour de Mons et du conseil ordinaire du Hainaut, prescrite par le diplôme du 2 juin, fut exécutée par un décret du 1er septembre suivant. Le grand bailli restait chef et semonceur du nouveau conseil souverain auquel étaient attribuées toutes les autorités et prérogatives des deux consistoires qu'il remplaçait, y compris celles du bailliage et du terrage. Mais au-dessous de lui se trouvait désormais un *président en titre*, qui n'allait pas manquer de chercher à contrebalancer son influence; et tous les membres du conseil, indistinctement, devenaient des magistrats permanents tenant leur nomination du pouvoir central. Pour le surplus, le décret de septembre laissait au grand bailli les prérogatives qu'il tenait des chartes générales du comté, *jusqu'à ce qu'il fût disposé autrement*, sans abroger toutefois les règlements de 1617, 1624, 1639 dont j'ai parlé. Par la nature même des choses, le nouveau conseil souverain, sentant son importance, embrassa chaudement toutes les idées de l'ancien conseil ordinaire. Les conflits du dix-septième siècle, relatifs à l'action personnelle et indépendante à laquelle continuait à prétendre le lieutenant du prince, devinrent plus nombreux et plus graves. Les états de Hainaut prirent derechef le parti du grand

_____

(1) Voir sur tous ces points le texte du diplôme du 2 juin. On voit, en parcourant la *Liste chronologique des édits et ordonnances*, que les intendants bourboniens édictaient déjà par rapport à une foule de matières administratives.

bailli et essayèrent de faire rapporter le décret de réunion ; mais cette fois ils échouèrent et la fusion fut maintenue jusqu'à la fin de l'ancien régime : le gouvernement autrichien en tira les dernières conséquences (1).

Je passe au règlement militaire du 10 avril 1702. Ce règlement était d'accord avec les traditions du pays en réservant au roi seul la nomination des gouverneurs de province sur la présentation du gouverneur général des Pays-Bas. Mais il s'en écartait déjà en exigeant que cette présentation portât exclusivement sur des *officiers généraux* (2) ; et s'il voulait que tous les gouverneurs reçussent des lettres de *service,* de manière à pouvoir être employés à l'armée avec leur grade (3), en même temps il limitait de toutes parts leur autorité et diminuait leur importance militaire.

Conformément à ses prescriptions, les gouverneurs de province avaient encore charge de faire rapport au pouvoir central sur tout ce qui se passait d'important dans leur ressort ; de lui faire connaître quelles troupes y étaient à demeure, si les régiments étaient bons et s'ils servaient bien, si les places de guerre étaient en bon état de réparation et suffisamment armées et approvisionnées. En revanche, l'ingénieur général et le général de l'artillerie avaient, de leur côté, surintendance, le premier sur tout ce qui touchait aux fortifications, le second sur tout ce

---

(1) Pinchart, *ouv. cit.,* pp. 70, 75. — Gachard, *Mémoire sur l'ancienne législation des octrois,* pp. 1, 2, 3, 4, etc. — *Bulletins de la Commission pour la publication des anciennes lois et ordonnances ,* t. Ier, p. 209 ; t. II, pp. 84 et suivantes, *passim.*

(2) Article 170.

(3) Article 173.

qui touchait au matériel de son arme; c'était désormais le
gouverneur général du pays seul qui, dans toute l'étendue
du territoire, avait le droit de fixer les marches, les routes,
les étapes, et de régler les logements des troupes; c'était
lui seul qui, à la différence d'autrefois, avait qualité pour
nommer les lieutenants gouverneurs de province; c'était
lui seul qui désignait les corps et les officiers destinés à
former les garnisons ordinaires des forts et des citadelles ;
enfin il était expressément enjoint aux gouverneurs des
provinces de fournir aux généraux commandants les
troupes du ressort que ces derniers leur demanderaient,
et de ne mettre aucun obstacle aux mouvements ordonnés
par eux (1).

Le décret du 30 juin 1703, enfin, d'après son préam-
bule, fut rendu après une enquête faite sur la position des
gouverneurs du Hainaut, de Namur, de Luxembourg, et
même de Limbourg et de Gueldre dont les ressorts étaient
déjà perdus. D'une part, il fixait les appointements des
gouverneurs à la somme, considérable pour le temps, de
24,000 florins, avec défense de s'attribuer encore aucun
avantage direct ou indirect, ou de recevoir quoi que ce fût
des états, des provinces et des villes. D'autre part, en leur
faisant ainsi un siége d'or, il arrachait aux lieutenants
provinciaux la dernière prérogative qui leur donnât encore
une influence dominante dans l'ordre civil et politique de
leurs territoires. Il leur enlevait à tous, sans distinction,
et au profit du gouvernement général, la collation des
offices civils et militaires, même subalternes, ainsi que le
droit de *renouveler les lois* tant dans les moindres villes

______

(1) Articles 112, 118, 161, 175, 236, etc.

que dans les capitales. Il ne leur laissait, dans les deux espèces, que la faculté de faire des propositions ou des présentations (1).

Quels que fussent les sentiments des gouverneurs à l'endroit des *retranchements* faits à leurs prérogatives, ils ne purent qu'obéir et se taire. Le pouvoir anjouin, pas plus que celui de Louis XIV, n'était habitué à compter avec les vues de ses agents qui ne concordaient pas avec les siennes; et tout le monde savait qu'il entendait être servi à la lettre (2).

XXVI.

Après avoir ainsi précisé les mesures prises par Philippe V contre l'ordre de dignitaires qui fait l'objet de ce travail, je dois dire quelques mots de la politique suivie à son égard par les puissances alliées, par Max de Bavière, comte de Namur et duc de Luxembourg, et par Charles VI avant sa mise en possession des Pays-Bas. Ici je serai bref et pour cause.

Je ne sache pas que l'électeur, pendant son règne de quatre ans, changeât quelque chose aux attributions des gouverneurs de ses deux principautés, telles que Philippe V

---

(1) Voir le décret, *loc cit.*

(2) Le pouvoir édictal des gouverneurs, agissant de concert avec les conseils de justice, s'exerça pendant le règne de Philippe V, non sans doute aussi librement que jadis, mais au moins sous l'impulsion de la cour. On trouve une foule d'ordonnances émanées de gouverneurs dans le volume des *Listes chronologiques* souvent citées, notamment pour le Luxembourg, pp. 30, 52, 51, 52, 60, 65, 91. — Pour Namur, pp. 7, 11, 16, 18, 19, 23, 72, 93, 112, 146. — Pour le Hainaut, pp. 12, 14, 20, 36, 129, etc.

les avait fixées. Tout au plus en détacha-t-il la présidence des deux conseils de justice qu'il établit (1).

Les puissances alliées se tinrent au principe du *statu quo* par rapport aux institutions d'un pays qu'elles occupaient à un titre essentiellement provisoire. Quand les Hollandais eurent conquis la Gueldre, ils refusèrent de la remettre au plénipotentiaire des Habsbourg; et, sans rien préjuger pour l'avenir, ils y laissèrent la direction des affaires à leur général comte de Nassau-Saarbruck. Ils l'autorisèrent, par exemple, à recevoir le serment des habitants et des magistrats, et à *renouveler les lois* en temps utile (2). Après avoir repris Tournai et le Tournaisis à la France de Louis XIV, les Anglo-Hollandais y établirent pour gouverneur le lord comte d'Albemarle; et l'on vit celui-ci exercer, dans certaine mesure, le pouvoir édictal qui avait appartenu aux anciens gouverneurs espagnols (3). Enfin, lorsqu'en 1709, les alliés occupèrent le Hainaut, ils laissèrent le conseil d'État, gouvernant au nom des Habsbourg sous la pression de la conférence, établir un gouverneur grand bailli et capitaine général *par provision* (4), sans intervenir dans le règlement de ses prérogatives. En effet, la capitulation de Mons de 1710 réclama, par ses articles 25, 26, 29, la séparation des deux conseils du Hainaut; l'union perpétuelle du grand bailliage à la gouvernance; le maintien au grand bailli de toutes les prérogatives, droits et avantages déterminés par les chartes, les

---

(1) Il est question de ces conseils dans les *Bulletins de la Commission pour la publication des anciennes lois et ordonnances*, t. 1er, p 308.

(2) *Recueil des anciennes ordonnances*, cité, 3e sér., t. 1er, p. IV.

(3) *Recueil des anciennes ordonnances,* cité, 3e sér., t. 1er, p. 473 et Annexes.

(4) Voir les Annexes.

coutumes et les anciens usages, ainsi que du droit de renouveler le magistrat de Mons, au nom du comte, aux époques voulues; mais les généraux des puissances maritimes refusèrent d'engager l'avenir sur ces points; ils déclarèrent simplement que le roi (Charles III) disposerait en temps utile (1).

Quant aux administrateurs établis par les Habsbourg dès 1703 en Limbourg, à la fin de 1714 dans le Namurois (2), ils eurent une position variable et indécise à raison même des circonstances. Les premiers usèrent en général de droits fort étendus, comme ayant une délégation à peu près complète de la souveraineté (3); le comte de Lannoy de Clervaux, au contraire, semble n'avoir guère pris dans le Namurois que la place des anciens gouverneurs. Les uns et les autres furent, d'ailleurs, contraints de compter presque autant avec la conférence et avec les généraux des alliés qu'avec le prince duquel ils tenaient leur mission. En Luxembourg, le général baron de Wachtendonck, qui prit en 1715 possession du duché pour Charles VI, jouit momentanément d'un pouvoir discrétionnaire. En arrivant il fit savoir aux officiers, magistrats et habitants du pays, qu'ils n'avaient d'ordres à recevoir que de lui (4). Ce pouvoir fut aussitôt enlevé à son successeur quand s'établit un état de choses régulier par l'exécution du traité des Barrières.

---

(1) *Réclamations belgiques*, t. X, pp. 46 et suivantes.

(2) *Recueil des anciennes ordonnances*, cité, 3ᵉ sér., t. Iᵉʳ, p. VI, etc. *Délices des Pays-Bas*, t. II, p. 171.

(3) *Recueil des anciennes ordonnances*, cité, t. Iᵉʳ, p. VI et *passim*. On peut consulter pour abréger la *Liste chronologique* citée, t. Iᵉʳ, 1700 à 1750, pp. 65, 136, 160, 174, 176, 181, etc.

(4) Renseignements fournis par M. Hardt, archiviste du Grand-Duché.

XXVII.

Lorsque la maison d'Autriche entra en possession des anciens Pays-Bas espagnols, en 1714, elle maintint les gouvernements de Limbourg, de Luxembourg, de Namur et de Hainaut; elle ne supprima que ceux de Tournai-Tournaisis et de Gueldre. On vit les gouverneurs en charge se remettre aussitôt en possession des prérogatives politiques et civiles qu'ils exerçaient avant les réformes de Philippe V. L'empereur Charles VI exprima de son côté la volonté formelle que les gouverneurs s'astreignissent de nouveau à résider dans leur ressort (1), et qu'on leur adressât, en respectant le principe hiérarchique, tous les ordres, ordonnances et mandements destinés à être exécutés ou appliqués dans celui-ci (2). La suppression des gouvernements de Tournai et de Gueldre n'était donc motivée que par des raisons locales et non par les considérations d'une politique nouvelle.

Tournai, seule place forte de la province, était occupée en vertu du traité des Barrières par une garnison et par un gouverneur hollandais (3). Il était désormais inutile d'y placer un véritable gouverneur civil à côté du chef, devenir héréditaire, du grand bailliage. Le grand bailli reçut donc, en dehors de ses attributions judiciaires, la charge de convoquer les états et souvent celle de traiter avec

---

(1) On s'était beaucoup relâché de cette règle antique à la fin du dix-septième siècle.

(2) *Bulletins de la Commission royale d'histoire*, 3e sér., t. X, p. 371.

(3) Voir les Annexes, et article 4 du traité des Barrières.

eux (1). Mais on lui refusa le droit d'édicter, auquel il voulut parfois prétendre (2); et jamais il n'eut le renouvellement du magistrat local (3).

En Gueldre la constitution définitive des institutions centrales de la province fut réglée par un décret du 8 mai 1720. Ce décret rétablissait à Ruremonde un conseil souverain de justice ayant désormais pour seul chef un chancelier, lieutenant des fiefs (4). Les chancelier et conseil servirent depuis lors d'agents de transmission au pouvoir central et convoquèrent les états sur son ordre; le chancelier eut, au moins communément, la charge de faire la pétition du subside (5). A la rigueur la suppression du stadthoudérat était une violation du traité de Venloo. On s'explique cependant comment elle ne souleva pas de récriminations. D'une part la province à la suite des derniers démembrements, conséquences du traité d'Utrecht, était réduite à la ville de Ruremonde, entourée de quelques villages et de quelques terres franches (6) : il eût été par trop onéreux pour elle de devoir entretenir, même

---

(1) Gachard, *Collection de documents inédits*, citée, t. Ier. — *Régime provincial*, p. 84.

(2) *Liste chronologique des édits et ordonnances des Pays-Bas autrichiens*. Volume de 1700 à 1750, p. 288.

(3) Gachard, *Collection de documents inédits*, citée, t. III, régime communal. — *Bulletins de la Commission royale d'histoire*, 1re sér, t. XI, pp. 471 et suiv.

(4) Géradts, *Bydragen tot de Geschiedenis*, ouv. cit., pp. 68-69. — Neny, ouv. cit., t. II, p. 133.

(5) Gachard, *Collection de documents inédits*, citée, t. Ier, p. 84.

(6) On avait même songé à ne plus y convoquer d'états et à gouverner le pays comme la Flandre rétrocédée. Gachard, *Collection de documents inédits concernant les troubles de la Belgique sous Charles VI*, t. Ier, p. 97.

en partie, un grand officier du souverain. D'autre part,
l'esprit de la constitution provinciale ancienne était, dans
une certaine mesure, respecté : par le transfert au chancelier, dignitaire local, d'une partie des attributions des
stadthouders; et par le maintien, en faveur du conseil, de
plusieurs prérogatives afférentes jadis à la chancellerie du
régime espagnol (1).

Quoi qu'il en soit, la double innovation introduite à
l'avénement de Charles VI dans le régime provincial des
Pays-Bas ne se consolida pas immédiatement. A Ruremonde le souverain avait placé un gouverneur militaire,
simple commandant de place, sans prérogatives politiques
ni judiciaires. Celui-ci ne jouissait pas du tout vis-à-vis des
états du même prestige que les anciens *stadthouders.* A
chaque instant il était en conflit avec eux, soit par rapport à des questions d'indemnité, soit par rapport à des
questions de préséance. Or, en 1728, la cour prit chaudement en main la cause du lieutenant colonel don Juan
Mastro de Negrette alors en charge; et pour grandir cet
officier vis-à-vis des états, elle lui donna le titre de
stadthouder provisionnel, avec ordre de paraître au *Te
Deum* comme représentant du souverain, et avec mission
d'assister le chancelier dans la pétition des subsides (2).
Les successeurs du lieutenant colonel de Negrette ne
furent plus l'objet d'une faveur analogue.

---

(1) J'ai déjà dit plus haut, en note, que le pouvoir central diminua
néanmoins de plus en plus le cercle d'action du conseil de Gueldre; et
qu'il finit par lui enlever presque toutes les attributions de grande chancellerie. On peut voir le détail du coup final qu'il lui porta dans Gachard,
Mémoire sur l'ancienne législation des octrois, pp. 14 et suivantes.

(2) *Consultes du conseil privé,* t. V, p. 194. — *Cartons du conseil
privé,* carton nᵒ 21.

Dans la province de Tournai-Tournaisis, Charles VI crut devoir revenir momentanément, en 1736, sur la décision qu'il avait prise au commencement de son règne en 1717 et 1718. Il se dit que sa bonne ville, banlieue et pays de Tournai-Tournaisis, par leur *situation présente et comme pays entièrement frontière*, exigeaient plus que tous les autres une attention et une surveillance particulières; et, en conséquence, il y établit un surintendant, directeur général, le comte de Cuvelier.

Les patentes du surintendant lui donnaient la direction supérieure des affaires tant afin de maintenir mieux dans le pays l'ordre, la police et l'économie, que de veiller d'autant plus sûrement à tout ce qui peut intéresser le service royal et le bien public (1). Elles ne lui rendaient pas la nomination du magistrat.

Je ne sache pas que le comte de Cuvelier eût un successeur. Aussi bien au milieu du dix-huitième siècle la politique des Habsbourg d'Autriche à l'endroit des gouvernements de province avait déjà changé. Elle reprenait à son compte les réformes anjouines, et déjà elle tendait à les dépasser de propos délibéré.

XXVIII.

En effet, après une courte période de réaction contre les errements français, le système de la maison d'Autriche n'avait pas tardé à se rapprocher, à beaucoup d'égards, de celui de Philippe V. Sous l'influence d'un courant qui en-

---

(1) Renseignements dus à l'obligeance de M. H. van den Broeck, archiviste-bibliothécaire de Tournai, d'après le registre coté n° 24, fol. 58 de son dépôt.

traînait l'Europe monarchique presque entière vers l'abso-
lutisme et vers la centralisation; poussés par leurs hommes
d'État autrichiens, par le marquis de Prié, par plusieurs
hauts magistrats belges, les nouveaux souverains étaient
entrés dans une voie où ils se maintinrent sans oscillations
jusqu'à la fin de l'ancien régime. Dans l'ordre d'idées qui
nous occupe, on peut caractériser leurs tendances domi-
nantes en quelques mots : agrandir le cercle d'action du
prince au point de le rendre l'arbitre des institutions nationales elles-mêmes; donner au gouvernement de Bruxelles
seul le droit d'initiative et faire de lui le centre exclusif
auquel devaient aboutir toutes les affaires locales de quelque
importance; écarter *tout à fait* de la conduite réelle des
affaires publiques la haute aristocratie belge (1) qui liait
ordinairement sa cause à celle des états et à celle des anciens priviléges nationaux (2). Dans cet état des choses
l'ostracisme politique prononcé tacitement contre la classe
des grands cavaliers; l'activité de plus en plus absorbante
des corps qui entouraient le gouvernement central; bientôt
l'intervention directe et continue dans le détail des affaires

---

(1) On a vu, dans ma précédente lecture, que la haute aristocratie avait
perdu beaucoup de son influence dans la grande politique dès le règne de
Charles II. La maison d'Autriche acheva son amoindrissement dans
cette sphère, mais en ayant des ménagements pour les personnes et en
laissant aux grands seigneurs un rôle important dans ses armées.

(2) Voir sur ces points les continuelles réclamations de Prié: Gachard,
Documents inédits relatifs aux troubles de la Belgique sous Charles VI,
t. Iᵉʳ, pp. 20, 115, 140, 325; t. II, p. 341. — La noblesse de robe était
ordinairement en conformité parfaite d'idées avec la cour. On peut s'en
assurer en parcourant les consultes du conseil privé, notamment en ce
qui concerne la réforme du grand bailliage du Hainaut. Wynants, dans le
chapitre V de ses *Mémoires sur le gouvernement des Pays-Bas*, souhai-
tait aussi la réduction des prérogatives de cet office.

d'un *ministre plénipotentiaire*, ayant l'oreille de la cour
de Vienne (1), se combinèrent avec le régime militaire du
temps, pour amener le pouvoir souverain à porter le dernier coup aux gouvernements de province. N'osant ou ne
voulant pas rompre en visière avec une tradition constante,
conforme encore aux exigences des mœurs publiques, qui
réservait ces offices à la plus haute noblesse; ne pouvant,
par conséquent, les conférer à une classe de personnes que
leurs tendances d'esprit et leur position sociale rendaient
plus souples vis-à-vis d'elle; ne se fiant du reste pleinement qu'à ses conseils de robe de Bruxelles, la cour sapa
sans relâche les offices eux-mêmes. Puis, quand elle eut
réduit leur influence presque à néant, elle trouva inutile de
les conserver, et elle se mit, sans bruit, à les supprimer
les uns après les autres (2).

---

(1) Charles de Lorraine signale lui-même la présence du ministre plénipotentiaire comme ayant contribué à diminuer l'utilité des gouverneurs:
*Bulletins de la Commission pour la publication des anciennes lois et
ordonnances*, t. II, p. 135.

(2) Je lis dans un mémoire du commencement du dix-huitième siècle,
évidemment destiné à être mis sous les yeux de la cour de Vienne, à
propos des gouverneurs de province : « Quelques-uns se rendent si sou-
» verains et si absolus qu'ils ne respectent qu'à demy les ordres du
» général (gouverneur), y répliquant quand ils ne sont point à leur gré
» ou contraires à leur affection et corruption, usurpant les droits et
» domaines de S. M. et les licentes.... Les généraux dissimulent *parce*
» *qu'il y a des personnes de haute qualité qu'ils ne souhaitent point de*
» *désobliger par considération et aspect particulier et affin qu'ils*
» *applaudissent à ce qu'ils font...* » Manuscrit n° 13147 de la Bibliothèque royale. — La Jointe des administrations et des subsides trouvait
à son tour qu'on avait raison d'énerver les prérogatives des gouverneurs
et grands baillis, parce que : « il est assez dans la nature que des per-
» sonnes éminentes par leurs emplois ou par leur naissance ne correspon-
» dent plus avec la même vivacité dans l'exécution des ordres concernant

Je me hâte d'ajouter que l'œuvre de la destruction des gouvernements de province ne fut pas l'œuvre d'un jour. La maison d'Autriche n'aimait pas, en général, les coups d'autorité trop retentissants (1) : elle préférait d'arriver à ses fins par des voies lentes, détournées, mais sûres. Elle marqua nettement son but : elle arrêta toutes les mesures propres à l'y conduire; puis, avec une ténacité inébranlable, avec une patience persévérante, avec une vigilance qui ne s'endormait jamais, elle appliqua ces mesures province par province quand le temps et les circonstances lui permettaient d'agir sans trop d'éclat. A moins d'employer des procédés cassants, rien n'était plus difficile, et rien n'était d'ailleurs plus impopulaire, dans l'ancien régime, que de priver un officier de prérogatives dont il était en possession. La cour le savait. Elle faisait bien proclamer de temps à autre, par ses jurisconsultes, la maxime incontestable en théorie « qu'il n'appartenait qu'au souverain seul de régler » les autorités et facultés de ses ministres » (2); mais elle essayait rarement de la mettre en pratique au moins à l'égard des dignitaires considérables. Le moment choisi pour opérer la réforme d'un office était d'ordinaire celui d'une vacance. Le gouvernement s'empressait alors de faire étudier à fond la situation des choses par ses conseils de justice, par ses offices fiscaux, par le conseil privé; il prenait sa décision, puis il faisait accepter celle-ci par le

---

» le détail d'un gouvernement dans lequel ils n'entrent plus. » *Bulletins de la Commission pour la publication des anciennes lois et ordonnances,* t. II, p. 125.

(1) Joseph II s'écarta tout à fait, sur ce point, des traditions de ses prédécesseurs.

(2) *Bulletins de la Commission pour la publication des anciennes lois et ordonnances,* t. V, pp. 300, 311.

nouveau pourvu avant de lui donner des patentes en forme, ou bien elle la lui imposait d'autorité (1).

Ce fut, je pense, grâce aux procédés prudents du pouvoir central que la plupart des provinces se montrèrent indifférentes, au dix-huitième siècle, à l'effacement de leur gouverneur. Dans le seul comté de Hainaut les états prirent, avec la même ardeur que jadis, fait et cause pour leur chef, dont les prérogatives éminentes étaient le gond principal sur lequel pivotait la vie individuelle et nationale de la province. Leurs réclamations constantes ne purent empêcher le grand bailli d'avoir à subir de nouvelles et considérables atteintes dans sa position plusieurs fois séculaire. Mais, se combinant avec la faveur insigne dont la maison d'Arenberg jouit *auprès de la personne* de Charles VI et de Marie-Thérèse, elles eurent un grand résultat : elles enrayèrent longtemps en Hainaut la politique de la cour, et même elles forcèrent celle-ci à des ménagements et à des tempéraments (2).

Les derniers grands baillis du Hainaut étaient encore les premiers personnages des Pays-Bas autrichiens, après les gouverneurs généraux et les ministres plénipotentiaires, à la fin de l'ancien régime.

---

(1) Exemples : grand bailliage du Hainaut ; *Bulletins*, cités, t. II, pp. 84 et suivantes. — Chancelier de Brabant, *idem*, t. V, p. 293. — Gouverneurs de Namur, *Bulletins de la Commission royale d'histoire*, 2ᵉ sér., t. IX, p. 402.

(2) *Bulletins de la Commission pour la publication des anciennes lois et ordonnances*, t. II, pp. 84 et suivantes.

XXIX.

Il me reste, pour terminer cette étude, à appuyer d'un certain nombre de faits précis les considérations générales du paragraphe précédent.

Je n'ai que peu de mots à dire de la position militaire des gouverneurs capitaines généraux des provinces au dix-huitième siècle. Cette position fut moindre encore que pendant la courte période anjouine. Dans la sphère toute spéciale des affaires de l'armée, il n'avait pas été possible un seul instant de réagir sérieusement contre les faits accomplis. L'armée du souverain, peu nombreuse en temps de paix, formait encore un tout compacte sous la direction supérieure exclusive du général commandant des armes; les principales forteresses étaient passées entre les mains des Hollandais; d'autres avaient reçu un gouverneur ou commandant de place spécial dépendant directement du pouvoir central; il n'y avait plus guère de réel et de solide, dans la capitainerie générale des lieutenants provinciaux du prince, que l'autorité et les fonctions se rattachant au gouvernement militaire de la ville forte où ils résidaient (1). Toutes leurs attributions de justice militaire, de surintendance ou de police militaire dans le plat pays avaient été les premières supprimées, les autres réduites presque à rien. Le gouverneur de Namur même, quoique gardant le

---

(1) *Bulletins de la Commission pour la publication*, etc., t. II, p. 116, avis du conseil privé en 1778; *idem*, t. II, p. 136, avis conforme de Charles de Lorraine. Le règlement militaire du 1er mars 1757, inséré aux *Placards de Brabant*, t. VII, p. 173, fait à peine mention des gouverneurs de province, sinon comme commandants de place.

titre de capitaine général, n'était plus qu'un officier civil depuis l'occupation de la ville par une garnison et par un gouverneur militaire hollandais. Aussi, pour le dire en passant, le prit-on parfois, contrairement à toutes les traditions, en dehors des cadres de l'armée (1).

Pour préciser, au contraire, les étapes de l'amoindrissement politique des gouverneurs pendant la dernière période de leur existence, il me faudra entrer dans plus de détails, et toucher à une foule de points particuliers.

Dès les premiers temps du régime autrichien les lieutenants provinciaux du souverain furent privés de toute influence directe et officielle sur le gouvernement général des Pays-Bas, non-seulement de fait, comme à la fin du dix-septième siècle, mais de droit et par principe arrêté.

Ni la *Constitution* de 1718, ni celle de 1725, qui resta debout jusqu'aux innovations de Joseph II, ne reproduisirent la disposition du diplôme de 1531 admettant, à certaines conditions, les gouverneurs particuliers avec voix consultative dans le conseil d'État. Sans doute, il n'y avait pas d'obstacle juridique à ce qu'un ou plusieurs gouverneurs fussent conseillers d'État effectifs; mais, d'une part, la Constitution de 1725 transféra au *conseil privé*, corps de robe où jamais soldat n'eut voix à parler, toutes les grandes attributions de politique intérieure afférentes pendant le régime espagnol au conseil d'État; et, d'autre part, ce dernier corps, au témoignage même de Neny, ne tarda pas à devenir un conseil d'honneur sans activité (2). Au

____

(1) *Bulletins*, cités, t. II, p. 136. — *Bulletins de la Commission royale d'histoire*, 2ᵉ sér., t. V, p. 335, et 3ᵉ sér., t. IX, p. 402 — *Annales de la Société archéologique de Namur*, t. X, p. 318. Un des princes de Gavre n'était pas militaire.

(2) Neny, *ouv. cité*, t. II, pp. 105, 106, 107.

point de vue de la direction politique à donner au pays, les gouverneurs de province devenaient ainsi des agents, subordonnés en fait au conseil privé, chargés de transmettre et de faire exécuter des décisions à l'élaboration desquelles il ne leur était plus possible de prendre part. C'est ce qui explique le droit nouveau, attribué au gouverneur de Namur, de suspendre comme commissaire du pouvoir central et à condition d'avertir celui-ci, les décisions de la députation permanente des états quand il les jugeait contraires aux intérêts généraux (1).

Mais par là même que les grands baillis et gouverneurs ne faisaient plus corps avec le gouvernement central, on s'attaqua aussitôt au droit de *renouveler les lois*, qu'ils avaient repris à la chute de Philippe V, et qui était considéré à ce que j'ai déjà dit, « comme un des principaux » ressorts et une partie du gouvernail des affaires pu- » bliques (2). » Dès le 3 juin 1720 le marquis de Prié, en conflit avec le gouverneur de Namur, obtint un *ordre de cabinet*, rendu sur consulte du conseil suprême des Pays-Bas, conforme à ses vues (3). Cet ordre devait être appliqué immédiatement à Namur, et plus tard, dès que l'occasion serait favorable, dans les autres provinces. Il réservait au gouverneur général la nomination des magistrats dans toutes les villes ayant voix et séance aux états; il ne laissait

---

(1) *Bulletins de la Commission royale d'histoire*, 2ᵉ sér., t. V, p. 555, etc.

(2) *Bulletins de la Commission pour la publication des anciennes lois et ordonnances*, t. II, pp 124, 125, expressions de la Jointe.

(3) Wynants, Manuscrit cité sur le gouvernement des Pays-Bas, chap. V. — *Bulletins de la Commission pour la publication*, etc., t. II, pp. 122, 150.

aux lieutenants provinciaux qu'un droit de présentation ou de proposition qui ne liait pas le pouvoir central (1).

A Namur et en Luxembourg l'application de la règle nouvelle ne rencontra pas d'obstacle et put se faire immédiatement. Le comte de Lannoy de Clervaux, gouverneur du Namurois, s'y soumit sans récriminations (2). Il briguait précisément la succession du comte de Gronsfeld, qui venait de mourir, gouverneur et capitaine général du Luxembourg. Dans cette dernière province la charge de gouverneur resta vacante pendant près de sept ans (3); le président du conseil auquel, durant *l'intérim*, furent commises les principales attributions civiles de la gouvernance n'avait aucun prétexte pour réclamer l'exercice d'une prérogative dont ses prédécesseurs n'avaient jamais joui; et quand, en 1727, un *étranger*, le comte de Wallis, devint commandant et gouverneur provisionnel de la ville et de la province, il trouva une tradition établie (4).

----

(1) Le pouvoir central consultait aussi l'évêque, le commandant militaire, le président du conseil de robe, etc. : Gachard, *Coll. de documents inédits;* Régime communal, t. III, p. 42. — Il tenait souvent peu de compte des listes que les gouverneurs lui envoyaient, *Annales de la Société archéologique de Namur*, t. X, p. 326.

(2) Dans les derniers temps le pouvoir central envoya parfois au gouverneur de Namur une *liste des pourvus* avec charge de faire le renouvellement « ensuite des ordres de la cour. » — *Bulletins de la Commission royale d'histoire*, 2ᵉ sér., t. VIII, p. 197; t. V, p. 355.

(3) Je pense que Charles VI laissa la charge vacante pour ne blesser aucun des nombreux candidats qui la demandaient, et qui, chacun, avaient des appuis sérieux : les comtes de Lannoy-Clervaux, Mérode-Westerloo, Vehlen, Konissegs et Mercy, *Mémoires du feldmaréchal de Mérode-Westerloo*, p. 225 et Annexes.

(4) Annexes, et renseignements dus à l'obligeance de M. Hardt, archiviste du Grand-Duché.

En Limbourg il fallut attendre l'année 1725. A cette date, le pouvoir central se réserva pour la première fois la collation de toutes les charges d'échevin à la haute cour de Limbourg. Puis, en 1728, dans les patentes du marquis de Bournonville, il se réserva indistinctement la collation de tous les états et offices dont les gouverneurs précédents avaient disposé (1).

En Hainaut, en dépit des efforts du conseil privé, l'ordre de 1720 ne fut appliqué dans toute sa rigueur que pendant le règne de Joseph II. Sans doute les instructions de trois ducs d'Aremberg, grands baillis de père en fils, datées de 1723, 1754, 1779, réservaient au souverain ou bien à son gouverneur général le renouvellement du magistrat de Mons en conformité du principe général qui avait été arrêté. Mais chacun des trois ducs obtint, après être entré en charge, la faculté de procéder à ce renouvellement, *à titre personnel* et sans que *cela pût tirer à conséquence*. Une fois seulement, en 1754, la cour nomma elle-même et directement le magistrat de Mons pour interrompre en fait la possession des grands baillis. Le comte d'Arberg et le prince de Ligne furent les premiers de ces grands dignitaires auxquels la faveur octroyée à titre personnel aux ducs d'Aremberg ne fût pas continuée (2).

---

(1) Renseignements dus à l'obligeance de M. Poswick, d'après les archives de la haute cour de Limbourg, et *Bulletins de la Commission pour la publication des anciennes lois et ordonnances*, t. V, p. 317.

(2) *Bulletins de la Commission pour la publication des anciennes lois et ordonnances*, t. II, pp. 84 et suivantes. — *Bulletins de l'Académie royale*, 2e sér., t. XVI, pp. 589 et suivantes, et surtout pp. 631 et suivantes.

XXX.

Le droit de conférer les offices au nom du prince subit
naturellement le même sort que celui de renouveler les
lois. Je ne trouve plus qu'au dix-huitième siècle les gouverneurs de Luxembourg nommassent encore à aucun
office d'importance. Ceux du Limbourg furent privés de
toute prérogative de l'espèce, en 1728, par les patentes
du marquis de Bournonville dont j'ai déjà parlé (1).

A Namur, dès 1769, à la suite de *retranchements* successifs, tout se réduisait pour eux, au dire du procureur général du Paix, à la collation des charges du grand bailliage
et de la Jointe criminelle, des places d'échevins de la Neuf-
ville et de Bouvignes, de portier du château et de celles
des sergents des forêts royales à l'intervention des officiers
des bois. En 1770 le pouvoir central prit soin de se réserver formellement la nomination du lieutenant gouverneur,
du lieutenant souverain bailli, du lieutenant bailli des
bois (2), ainsi que le droit de disposer de la seule charge
d'huissier au conseil de la province qui ne fût pas inféodée.
Il établit, de plus, qu'avant de conférer les charges du souverain bailliage et de la Jointe criminelle le gouverneur
de Namur devrait faire agréer ses choix par le gouverneur
général. Si le conseil privé et le conseil des finances

---

(1) On se rappelle que, dès le dix-septième siècle, le chancelier de Brabant était entré en possession d'une partie de leur droit de nomination.

(2) Celle de lieutenant gouverneur avait déjà été faite, antérieurement
et plusieurs fois, par le pouvoir central. Voir *Annales de la Société
archéologique de Namur*, t. X, pp. 334, 334.

n'avaient pas rencontré de l'opposition chez Marie-Thérèse, *personnellement* très-favorable aux princes de Gavre, bien d'autres réformes auraient été ajoutées à celles dont je viens de parler (1).

En Hainaut les bornes des pouvoirs du grand bailli ne furent changées qu'en 1779. En 1723 les instructions de ce dignitaire disaient encore : « étant contents que dispo- » siez des autres charges en conformité de votre commis- » sion, sans l'étendre plus avant aux dits offices par nous » réservés; » et ces derniers n'étaient encore que ceux dont il était question dans les instructions du comte de Bucquoy en 1613. Celles de 1754 s'exprimaient à peu près dans les mêmes termes. Celles de 1779, au contraire, renversaient complétement la situation. Elles réservaient à la disposition du pouvoir central toutes les charges et tous les offices dont la collation n'était pas, *in terminis*, aban- donnée au grand bailli, ainsi que toutes les prérogatives qui ne lui étaient pas expressément attribuées. Dès lors le lieutenant provincial ne conféra plus guère que les charges de dépositaire général du comté, de commissaire pour la gestion des terres saisies, de commissaire pour l'audition des comptes des bonnes villes, de *corratier*, et certains petits emplois ne donnant pas d'influence sur le mouvement politique de la province (2).

---

(1) *Bulletins de la Commission royale d'histoire*, 2ᵉ sér., t. V, p. 555; 3ᵉ sér., t. IX, p. 402. *Annales de la Société archéologique de Namur*, t. X, pp. 325, 330.

(2) *Bulletins de la Commission pour la publication des anciennes lois et ordonnances*, t. II, pp 125, 131, 159. — *Bulletins de l'Académie royale*, 2ᵉ sér., t. XVI, pp. 031 et suiv. — Le bailliage des bois avait été engagé par la cour au dix-huitième siècle. Pinchart, *ouv. cit.*, p. 34.

Au dix-huitième siècle le grand bailli du Hainaut était le seul gouverneur de province qui eût encore, au nom du prince, l'exercice de certains droits de souveraineté dans son ressort (1). Le renouvellement des luttes entre lui et le conseil souverain , à propos de la collation des octrois, luttes dans lesquelles les états intervenaient en faveur de leur chef avec la même ardeur que jadis, fournirent bientôt au pouvoir central l'occasion désirée de frapper un grand coup. Après une enquête approfondie sur les traditions du grand bailliage, le prince Charles de Lorraine intervint dans la querelle et, par un décret du 18 juin 1751, il la vida au profit du pouvoir central et aux dépens des deux contendants.

Le décret de 1751 réservait au gouvernement général des Pays-Bas la faculté de conférer désormais les lettres de naturalisation, de légitimation, d'amortissement, les autorisations pour rechercher les minerais ou pour ériger des moulins, les octrois pour répartir les impositions destinées à « fournir aux aides et subsides, » etc. Il ne laissait au grand bailli, et encore *concursivement* avec le conseil souverain, que le droit de conférer quelques espèces d'octrois de minime importance. En dépit des efforts des grands baillis ce décret fut toujours maintenu. Des difficultés n'ayant pas tardé à s'élever de nouveau, entre le conseil souverain et le lieutenant du prince, par rapport à ce qu'il fallait entendre par le mot *concursivement,* le pouvoir souverain se prononça de nouveau. Le conseil privé était d'avis d'introduire enfin en Hainaut la règle absolue déjà

---

(1) Le conseil souverain de Brabant et le conseil souverain de Gueldre , dans une certaine mesure , étaient dans la même position.

consolidée dans les autres provinces où les conseils avaient pour chef un gouverneur : celle qui voulait que toutes les affaires de la compétence commune de ce conseil et de ce gouverneur fussent traitées *collégialement*, que le gouverneur fût présent ou non (1). Mais Marie-Thérèse, par égard pour le duc d'Aremberg, prit un tempérament notifié par ses ordres aux intéressés en 1754. Le grand bailli et le conseil souverain devaient se communiquer réciproquement les requêtes aux fins d'octrois non réservés qui leur étaient adressées. S'ils étaient d'accord, ils devaient y répondre en commun. S'ils différaient d'opinion, il appartiendrait au gouvernement général de vider le conflit. Si l'un d'entre eux consulté restait en défaut de répondre, plus de trois semaines, au premier saisi, ce dernier pouvait procéder à son gré à l'expédition de l'octroi en nom collectif. C'était seulement au cas où le grand bailli était absent du Hainaut que le conseil souverain était autorisé à se conduire comme les autres conseils de justice se conduisaient dans des cas analogues. Bien que l'impératrice eût déclaré que cet arrangement était *purement provisionnel*, pour le temps où le duc d'Aremberg, alors vivant, serait en fonction, elle le maintint, en faveur du fils de celui-ci, en 1779, et dans les mêmes conditions (2).

Je ne pense pas que les deux derniers grands baillis, le comte d'Arberg et le prince de Ligne, reçussent jamais le droit de s'en prévaloir.

En même temps qu'elles réglaient, dans le sens que je

____

(1) *Bulletins de la Commission pour la publication des anciennes lois et ordonnances*, t. II, pp. 101 et 145; voir au surplus ce que j'ai dit plus haut à propos du dix-septième siècle.

(2) *Idem*, t. II, pp. 127, 105, 106, 118, 159.

viens de préciser, le pouvoir d'accorder des octrois, les instructions du grand bailli, en 1754, portaient deux autres atteintes à ses antiques prérogatives. Elles le privaient du droit d'accorder des exemptions de charges et de prestations personnelles, et du droit de faire grâce en matière criminelle que tous ses prédécesseurs avaient exercés. A la vérité ce dernier lui fut rendu en 1755 par acte spécial de Marie-Thérèse, à *titre personnel* et dans des limites très-étroites. Mais dans l'espèce le fier cavalier voulait tout ou rien. Il n'usa plus jamais d'un pouvoir qu'on ne lui confiait qu'ébréché, et que d'ailleurs on ne rendit plus en aucune façon à ses successeurs (1).

En 1778, le conseil privé proposa encore d'enlever au grand bailli le pouvoir d'édicter (2) relativement aux matières tenant à la législation; celui d'ériger des colléges, corporations et confréries; celui de conserver cette garde à pied et cette garde à cheval, qui donnait un si grand relief extérieur à sa dignité, mais qu'on représentait désormais comme « inutile et presque déplacé. » Marie-Thérèse ne l'écouta point, sauf sur ce dernier point. Elle décréta la suppression des gardes à la cruelle mortification des grands baillis, en se réservant de statuer plus tard sur « l'emploi » de l'épargne qui en résulterait (3). »

---

(1) *Bulletins de la Commission pour la publication des anciennes lois et ordonnances*, t. II, pp. 131, 143, 191, 107, 111. — *Bulletins de l'Académie royale*, 2e sér, t. XVI, *loc. cit.*

(2) A propos de ce droit on vit également des luttes entre le grand bailli et le conseil souverain; mais je ne sache pas qu'elles fussent jamais terminées par un acte spécial du pouvoir central.

(3) *Bulletins de la Commission pour la publication*, etc., pp. 118, 126, 150. — *Bulletins de l'Académie royale*, 2e sér , t XVI, *loc. cit*

Dans le Namurois les prérogatives honorifiques des gouverneurs trop éclatantes aux yeux des conseils de robe, avaient déjà disparu depuis quelque temps. Dès 1769 on avait décidé de supprimer leurs *gouges*, ou gardes militaires, par voie d'extinction. En 1770 on leur avait enlevé le droit de chasse et le droit de pêche dont ils jouissaient depuis des siècles dans les seigneuries non engagées. Partout, enfin, on avait défendu de donner aux gouverneurs la qualification de *Monseigneur* à laquelle ils prétendaient depuis quelques années (1).

Les gouverneurs de province au dix-huitième siècle avaient perdu l'habitude de prendre part en personne à l'administration de la justice. Ils ne siégeaient plus guère dans les conseils provinciaux que dans les occasions d'apparat (2.) Le grand bailli de Hainaut seul avait conservé, en théorie, une certaine supériorité sur les gens de robe, ses assesseurs, en matière de judicature : il avait encore la présidence et la semonce, avec voix décisive dans les affaires dépendantes des anciens siéges de l'audience et du terrage (3). Les autres gouverneurs avaient perdu, même légalement, tout droit analogue. En Luxembourg, c'était le président seul qui, même en présence du gouverneur, pouvait mettre les affaires en délibération,

---

(1) *Bulletins de la Commission pour la publication,* etc., t. II, p. 146.
— *Bulletins de la Commission royale d'histoire,* 2ᵉ sér., t. V, p. 355.
— *Annales de la Société archéologique de Namur,* t. X, pp. 325, 330.

(2) *Bulletins de la Commission pour la publication,* etc., t. II, p. 115 et suivantes. — *Annales de la Société archéologique de Namur,* loc. cit. — *Bulletins de l'Académie royale,* 2ᵉ sér, t. XVI, p. 609.

(3) *Bulletins de la Commission pour la publication,* etc., t. II, p. 154, instruction de 1779.

proposer et recueillir les voix (1). A Namur, en 1769, le gouverneur n'avait plus ni le droit de semonce, ni même celui de voter dans les affaires contentieuses (2).

La robe s'était ainsi entièrement émancipée de la tutelle de l'épée. En cas de conflit elle était très-souvent soutenue à Bruxelles, et elle accentuait cette position nouvelle par des prétentions à des marques extérieures de puissance, que jadis elle n'aurait pas même songé à formuler (3).

Je pense que cette situation, compliquée d'incessantes difficultés d'étiquette, avait plus contribué à chasser les lieutenants provinciaux du prétoire, que le manque de connaissances spéciales et l'ennui causé à des hommes de guerre par d'interminables débats juridiques. Enfin, je dois à peine le dire : quand la célèbre Jointe des administrations et des subsides se mit à fonctionner, elle attira à elle presque toute la surveillance, plus nominale d'ailleurs que réelle, exercée par certains gouverneurs sur la comptabilité des états et des villes.

XXXI.

Si l'on a bien suivi la nature et l'importance des atteintes portées ainsi coup sur coup aux prérogatives anciennes

---

(1) Neny, *ouv. cit.*, t. II, p. 131.

(2) *Bulletins de la Commission royale d'histoire*, 2e sér., t. V, p. 355; 5e sér., t. IX, p. 404. — *Annales de la Société archéologique de Namur*, t. X, *loco citato*.

(3) Voir la fameuse querelle du Fauteuil, qui nécessita l'intervention du pouvoir central, entre le grand bailli de Hainaut et le *conseil souverain*. — *Bulletins de la Commission pour la publication des anciennes lois et ordonnances*, t. II, pp. 104 et suivantes. — Voir la querelle du *fauteuil* au *Te Deum*, à Namur, *Annales de la Société archéologique de Namur*, t. VII, p. 58, etc.

des gouverneurs de province, on comprendra que je pouvais à bon droit les représenter comme un acheminement logique à la suppression des gouvernements eux-mêmes. Celui du Limbourg disparut le premier. Quand le vieux marquis de Bournonville mourut en 1754, on ne le remplaça plus. Sa charge fut supprimée. La cour commissionna simplement le haut drossart du duché pour faire les fonctions de gouverneur « pour le civil et le militaire » en lui donnant la mission de convoquer les états et le plus souvent de traiter avec eux (1).

Vers la même époque la combinaison de quelques faits locaux avec la situation générale des choses conduisit à un résultat analogue dans le duché de Luxembourg. Quand, en 1727, le comte de Wallis fut envoyé dans le duché, il fut annoncé par la cour comme « commandant et gouverneur » provisionnel de la ville et de la province. » Le conseil de Luxembourg douta de l'étendue et de la nature de ses prérogatives, et consulta le gouvernement général pour avoir des indications précises. Il lui fut répondu : « que le
» comte devait jouir de tous les droits, honneurs, préro-
» gatives, pouvoirs, authorités, prééminences, libertés,
» franchises, profits et émoluments attachés au gouver-
» nement et qui compétaient aux gouverneurs de la ville
» et de la province de Luxembourg et comté de Chiny,
» qu'il devait en faire les fonctions et avoir les mêmes
» entrées, séances et rang tant aux états et conseil de la
» province que dans le magistrat de la ville et dans tous
» les autres endroits de la province. » Le comte de Neipperg, successeur provisionnel de Wallis, fut placé dans la

---

(1) Voir les Annexes.

même position que celui-ci : et, pas plus que lui, il n'eut le titre de capitaine général dont on ne faisait plus mention. En 1736, le général baron, puis comte de Marschall, vint succéder à Neipperg avec le titre de « gouverneur de » la ville et de la province. » Comme rien n'était expressément stipulé quant à l'étendue de ses prérogatives et comme, d'autre part, étant protestant, il était constitutionnellement inhabile à exercer des fonctions civiles dans la province (1), le conseil s'adressa derechef à Bruxelles par diverses représentations. Le gouvernement général lui donna tous ses apaisements par une lettre du 18 mai 1736, dont je crois devoir insérer ici le dispositif textuel à raison de son importance. En destinant le baron de Marschall, dit cette lettre, au poste de gouverneur, S. M. « 1° a entendu » lui donner le caractère de gouverneur provisionnel de la » ville et forteresse de Luxembourg, et, en même temps, » celui de commandant militaire provisionnel de toute la » province, avec toutes les prérogatives et honneurs mili- » taires dont ont joui ses prédécesseurs ainsi qu'aux autres » attributs auxquels la religion dont il fait profession ne » sera pas un obstacle. »

« 2° Que comme il se présente souvent des cas ou des » affaires qui exigent du concert entre le gouverneur et » vous (le conseil), le dit gouverneur devra s'arranger et » s'entendre amicalement en ces sortes d'occasions avec » vous, président, de la même manière que le maréchal » comte de Neipperg l'a toujours fait ; et qu'en cas d'ab- » sence ou de maladie du président, si pareilles affaires » se présentaient, un ou deux députés du conseil, selon

______

(1) *Réclamations belgiques*, t. III. pp. 2 et suivantes.

» le plus ou moins d'importance des matières, seront char-
» gés d'en traiter avec le gouverneur soit de bouche ou
» par écrit, selon que celui-ci le souhaitera pour s'y déci-
» der ensuite de main commune. »

« 3° Que dans les cas où les avis du gouverneur et
» du président ou des conseillers députés du conseil ne
» pourraient pas se réunir, ils auront à s'adresser de part
» et d'autre à nous pour demander et attendre la résolu-
» tion que nous trouverons bonne d'y porter; ce qui ne
» devra cependant pas empêcher que lorsqu'il se présen-
» tera quelque circonstance pressante relative à la sûreté
» de la ville et de la province de Luxembourg, le baron
» de Marschall ne puisse prendre sur lui d'y faire pourvoir
» provisionnellement et dans ces cas non-seulement ceux
» du conseil, mais aussi les états et tous autres qu'il appar-
» tiendra, auront à lui prêter toutes lumières, aisances et
» secours nécessaires, comme ils devront faire également
» toutes les fois que ce général croira en avoir besoin
» pour l'exécution des dispositions militaires ou celles
» ayant rapport à son commandement que le lieu du ser-
» vice exigera. »

« 4° Que le président aussi bien que le conseil, et tous
» autres, auront à se conduire exactement en cette con-
» formité et tâcheront de marquer de leur côté au général
» baron de Marschall tout l'attachement et la déférence
» convenable et de conserver avec lui une bonne et par-
» faite harmonie en concourant dans toutes occasions en
» tout ce qui pourra contribuer à l'avantage du service, du
» bien-être et à la sûreté de la province. »

» 5° Et qu'enfin pour ce qui est du formulaire usité
» pour les expéditions du conseil de Luxembourg, *par
» Monseigneur le gouverneur, président,* etc., nous décla-

» rons au nom et de la part de S. M. que, comme elle a
» défendu de donner le titre de Monseigneur aux gou-
» verneurs des provinces (1) et que d'ailleurs il n'y a
» plus de gouverneur de celle de Luxembourg, elle veut
» qu'en conséquence les mots de Monseigneur le gou-
» verneur seront ôtés de ces expéditions et que l'on se
» borne, à l'avenir, à ceux de : *Par le président* (*et gens*
» *du conseil*), etc. (2). »

En résumé, le gouverneur du Luxembourg devenait
ainsi un pur gouverneur militaire avec lequel les pouvoirs politiques locaux étaient obligés de vivre en bonne
harmonie, mais qui n'avait plus d'attributions civiles ou
administratives. Il n'avait plus même la convocation des
états ni la charge de pétitionner le subside; la première
passa au président et gens du conseil, la seconde fut délé-
guée habituellement au président (3). Les successeurs du
baron de Marschall héritèrent de la situation qui lui avait
été faite; de sorte que, depuis 1756, la charge de gouverneur de province resta vacante en fait dans le Luxembourg, sans que sa suppression fût formellement décidée
comme en Limbourg (4).

Lorsque, en 1778, le conseil privé fut chargé de préparer
une base pour la rédaction des instructions d'un nouveau
grand bailli de Hainaut, il s'éleva avec virulence contre

---

(1) *Bulletins de la Commission pour la publication des anciennes
lois*, etc., t. II, pp. 105, 107.

(2) Renseignements et documents dus à l'obligeance de M. Hardt.

(3) On trouve le récit d'un conflit à ce propos, dans une notice de
M. Gachard, insérée dans les *Bulletins de la Commission royale d'histoire*, 2ᵉ sér., t. VII, pp. 418 et suivantes.

(4) *Bulletins de la Commission pour la publication des anciennes
lois*, etc., t. II, p. 133 : avis de Charles de Lorraine.

les *titres fastueux* de lieutenant gouverneur et capitaine
général que ce dignitaire et le gouverneur de Namur portaient encore, et contre celui d'administrateur général de
la province, conservé à Namur par les successeurs du
comte de Lannoy-Clervaux. Il les représentait comme
propres seulement à « exciter l'ambition des pourvus, à
» exalter leur imagination, et à les porter à des écarts
» contraires au bien du service et de la chose publique. »
Charles de Lorraine adopta ses vues. Parlant de ce qui
s'était passé en Limbourg et en Luxembourg, il avoua
à Marie-Thérèse qu'on aurait déjà probablement perdu
l'idée « d'un gouverneur civil pour la province de Namur,
» si on n'avait pas considéré que c'était un moyen de
» consoler, sans qu'il en coûtât au trésor royal, un homme
» de rang digne d'attention et de récompense : » le prince
de Gavre (1). S'étendant avec plus de détails sur ce qui
concernait le Hainaut, il montra à l'impératrice quel parti
la cour pourrait tirer des circonstances spéciales dans lesquelles on se trouvait. Le duc d'Aremberg, qui demandait
à succéder à son père, ne sollicitait *in terminis* que le
grand bailliage. Il était aveugle et ne pouvait plus aspirer
à des charges militaires. Le prince de Ligne, d'autre part,
sollicitait le gouvernement militaire de la ville de Mons.
Tous les deux méritaient des égards particuliers. Dans ces
conjonctures, le gouverneur général proposa de donner
à l'un une simple patente de grand bailli, à l'autre une
simple patente de gouverneur militaire de Mons, sans plus
faire mention dans aucune d'elles des titres de lieutenant
gouverneur et capitaine général du Hainaut. Ceux-ci,

______

(1) *Bulletins de la Commission pour la publication des anciennes
lois*, etc., t. II, pp. 116, 136.

disait-il, seraient ainsi anéantis par le fait, « sans aucune
» déclaration qui annoncerait, ni pour l'un ni pour l'autre,
» une idée de suppression ou de retranchement (1). »

L'Impératrice, qui avait déjà décidé la *séparation perpétuelle* des charges de grand bailli et de gouverneur militaire de Mons, accueillit les propositions de Charles de
Lorraine, pour le Hainaut, et les fit aussitôt exécuter.
Mais, pour le Namurois, elle répondit aux suggestions qui
lui étaient faites : « Quant à l'idée de supprimer aussi le
» gouvernement civil de la province de Namur, comme
» elle ne pourra être mise à exécution qu'à la mort du
» titulaire actuel, V. A. me rendra un avis ultérieur là-
» dessus lorsque le cas arriverait (2). »

Lorsque Joseph II monta sur le trône, il n'y avait donc
plus dans les Pays-Bas qu'un seul gouverneur de province,
celui de Namur, et un grand bailli du Hainaut, dans lequel
la cour voyait plutôt un grand officier de justice investi
de prérogatives considérables, qu'un véritable lieutenant
provincial représentant direct du souverain (3). Ni l'un ni
l'autre n'avaient plus aucune attribution militaire. Si les
diplômes de 1787 bouleversant tout le système constitutionnel, politique, judiciaire et administratif du pays avaient

______

(1) *Bulletins de la Commission pour la publication des anciennes
lois*, etc., t. II, p. 136.

(2) *Idem*, t. II, pp. 149 et suivantes. On trouve dans le carton n° 1599
du conseil privé une lettre fort dure adressée au duc d'Aremberg pour
avoir pris (par inadvertance, disait-il), en 1780, le titre de capitaine général
qui ne lui appartenait pas.

(3) *Idem*, etc , t. II, p, 450. — Marie-Thérèse déjà en 1778 faisait supprimer la garde du grand bailli « qui paraît n'avoir été attachée qu'à la
» représentation du souverain que lui donnait la qualité de lieutenant et
» capitaine général qui sera également abolie. »

(143)

été mis à exécution, tous les deux auraient disparu. On sait ce qui brisa les projets de l'Empereur; et je n'ai pas à faire ici l'histoire de la révolution brabançonne.

Après la restauration autrichienne, le prince de Gavre reprit ses titres et ses fonctions à Namur et les garda jusqu'à la fin de l'ancien régime. En Hainaut, Léopold II offrit de nouveau le grand bailliage au duc d'Aremberg que Joseph II avait, par un acte contraire à la constitution du comté et fortement blâmé par la population, forcé de donner sa démission (1). Le duc refusa; et l'Empereur, cherchant à son défaut un autre cavalier des plus brillants et des plus populaires dans la province, nomma le prince de Ligne en 1791. Le prince était déjà gouverneur militaire de Mons : de sorte que, par un singulier hasard, la décision prise par Marie-Thérèse en 1778 eut l'air d'être rapportée. Mais en réalité il y avait alors à Mons un colonel commandant la place, et le gouverneur militaire n'avait qu'un titre sans attributions réelles.

Lorsque le prince de Ligne entra en charge, le conseil souverain du Hainaut venait d'être réorganisé pour la dernière fois sous le nom de *noble et souveraine cour du Hainaut* (2). Il n'eut pas de réclamations à faire quant à ses pouvoirs judiciaires que le décret de réforme avait laissés dans le *statu quo*. Le 15 mai 1793, après la seconde Res-

----

(1) Le duc d'Aremberg, étant aveugle, s'était vu imposer sous Marie-Thérèse l'obligation de faire contre-signer ses actes par un secrétaire, nommé par lui, mais assermenté entre les mains du chef et président du conseil privé... Son état de cécité fut un des prétextes qui colorèrent la mesure de Joseph II. — *Bulletins de la Commission pour la publication des anciennes lois*, etc., t. II, p. 141. — *Bulletins de l'Académie royale*, 2ᵉ sér., t. XVI, *loc. cit.*

(2) Pinchart, *ouv. cit.*, p. 138.

tauration, il crut, en revanche, devoir adresser au comte de Trautmansdorff, chancelier des Pays-Bas, une longue remontrance sur la position politique qui lui était faite. « Je » suis, disait-il dans son langage incisif, le premier grand » bailli sans prérogatives, et le premier gouverneur militaire » sans autorité. » Il demandait qu'on lui rendît le commandement des armes à Mons, où, général, il avait « l'air » d'être un homme de robe; » et, en même temps, comme mesure de pacification et de saine popularité, qu'on restituât au grand bailliage le droit de grâce, le pouvoir d'accorder des octrois tel qu'il existait avant le décret du 18 juin 1741, la collation de tous les emplois non expressément réservés, et même les gardes à pied et à cheval (1).

Le gouvernement central ne répondit pas, que je sache, à ce mémoire. Aussi bien, un an plus tard, la révolution française balayait non-seulement le gouvernement de Namur, le grand bailliage du Hainaut et les autres vieilles institutions nationales, mais encore notre nationalité (2).

------

(1) *Bulletins de l'Académie royale*, 2ᵉ sér., t. XVI, *loc. cit.*

(2) Je crois nécessaire de réparer ici une inadvertance. Dans la première partie de ma notice, je n'ai pas cité deux travaux importants : une étude de M. Eug. del Marmol, sur les *Anciens gouverneurs de Namur;* une autre de M. Jules Borgnet, *De l'origine du conseil provincial de Namur.* Toutes les deux sont insérées dans le tome X des *Annales de la Société archéologique de Namur.* On y trouve une foule de renseignements précieux relatifs aux différents points que j'ai traités.

ANNEXES.

Listes des gouverneurs et capitaines généraux de Limbourg, Luxembourg, Gueldre, Flandre, Hainaut, Hollande, Namur, Artois, Flandre gallicante, Frise, Tournai-Tournaisis, depuis le règne de Philippe-le-Bon ou depuis la réunion de la province aux Pays-Bas jusqu'à sa séparation ou jusqu'à la fin de l'ancien régime.

Ces listes ne contiennent que peu d'erreurs, je pense, mais je dois avertir que certaines d'entre elles présentent, malgré mes efforts, des lacunes surtout pour le quinzième siècle. Les seigneurs n'y sont désignés que par leur prénom, leur nom de famille et leur titre principal. Je leur ai donné, le cas échéant, leur qualité de chevalier de l'ordre de la Toison d'or ; mais, de crainte d'allonger démesurément ces annexes, j'ai cru pouvoir me dispenser de mentionner et la totalité de leurs titres seigneuriaux et même les hautes charges qu'ils cumulaient avec leur gouvernement. On comblera facilement cette lacune en recourant au Nobiliaire des Pays-Bas. Je me fais un devoir de remercier ici M. Eugène Poswick-de Marotte, Charles Païele, archiviste bibliothécaire de Lille, Henri van den Broeck, archiviste bibliothécaire de Tournai, *qui m'ont fourni les listes complètes* que je donne : le premier pour le Limbourg, le second pour la Flandre gallicante, le troisième pour Tournai et le Tournaisis ; ainsi que MM. Piot et Pinchart des Archives du royaume ; M. Paul Holvoet, substitut du procureur du roi à Anvers, M. le chanoine van Drival d'Arras, M. Hardt, archiviste du grand-duché de Luxembourg, M. Stanislas Bormans, archiviste de Namur, dont la collaboration m'a été d'un précieux secours pour la rédaction des listes des autres pro-

vinces. Pour permettre facilement de rectifier les erreurs
ou les omissions commises, et pour faciliter au besoin le travail
biographique, j'ai indiqué sous la plupart des noms un certain nombre de preuves ou de sources.

DUCHÉ DE LIMBOURG ET PAYS D'OUTRE-MEUSE.

Sources à consulter relativement aux gouverneurs de ces pays : A. *Ernst,*
Histoire du Limbourg. — B. Inventaire des archives de la chambre des
comptes, tome II, p. 320 et suivantes; Comptes des officiers de justice du
Limbourg, etc. — C. *A. Henne,* Histoire du règne de Charles-Quint. —
D. Manuscrit de la Bibliothèque royale, n° 20411. — E. Volume des archives
de l'audience; Papiers d'État; Commissions et Instructions pour des gouverneurs de province. — F. Chambre des comptes : Registres de la recette
générale du Limbourg et divers. — G. *Gachard,* Analectes belgiques. —
H. Bulletins de la Commission royale d'histoire. — I. *Gachard,* Correspondance de Philippe II. — K. *Gachard,* Actes des États Généraux de 1576
à 1585. — L. *Slangen,* Het marckgraefschap Hoensbroeck. — M. *Franki-
net,* Beredeneerde inventaris der oorkonden en bescheiden van de abdy
Kloesterrade. — N. *Wauters,* Histoire des environs de Bruxelles. — O. Collection des patentes militaires. — P. *Lefort,* Manuscrits généalogiques repo-
sant aux archives de Liége, 1re partie, registre 21. — Q. Manuscrit de la Bibliothèque royale, n° 15778. — R. Archives des états de Limbourg. — S. Frédérick Hendrick van Nassauw, prince van Orangien, zyn leven en bedryf.
— T. Recueil des anciennes ordonnances des Pays-Bas autrichiens, 3me série, tome I et II. — U. Bulletins de la Commission pour la publication des anciennes lois et ordonnances. — V. Almanachs de la cour du XVIIIe siècle.
— W. *Gachard,* Actes des États Généraux de 1632.

Gouverneurs.

Henri, sire de Gronsfeld, chevalier, est établi gouverneur par Philippe Le
Hardi, il joint à sa gouvernance la charge de drossart et de châtelain de
Limbourg et de Wassemberg, prête serment au duc à Assche, en Brabant,
le 22 juin 1387, et reste en charge jusqu'en 1390. (A., tome V, p. 157.)

Par commission du 7 septembre 1390, Jean dit Scheiffart de Mérode, seigneur de Heymersbach, chevalier. Il est aussi châtelain de Wassemberg Il
reste en charge jusqu'en 1394. (A., tome V, p. 166.)

Par commission du 26 janvier 1394, Jean de Lyere, seigneur d'Immerseele, chevalier, margrave d'Anvers et sénéchal de Brabant. (A., tome V, p. 167.)

Par commission du 5 janvier 1405 (n. st.), Jean de Looz, sire de Heinsberg, chevalier, succède à Lyere-Immerseele. (A., tome V, p. 180.)

— A cette époque s'ouvre une longue période pendant laquelle il n'y a plus de gouverneurs de la *province*. Voici les drossarts du duché proprement dit :

De 1405 à 1408 Renier de Berghes, chevalier, *compte* comme *burgrave* du pays de Limbourg. (B., p. 520.)

En 1415 André de Mérode, sire de Frankenberg, signe comme châtelain burgrave de Limbourg, l'acte d'union du Brabant et du Limbourg. (A., tome V, p. 199.)

En 1417 Robert, comte de Vernembourg, est nommé drossart du duché de Limbourg et, en 1420, il prend le duché en *engagère*. (A., tome V, p. 204.)

. . . .

En 1459 et 1460 Robert, comte de Vernembourg, est châtelain, drossart et lieutenant des fiefs du duché de Limbourg ; il a pour lieutenant Frédérick, seigneur de Witthem (B.).

En 1460 Antoine de Croy, premier comte de Portien, chevalier de la Toison d'or, etc (frère de Jean de Croy, premier comte de Chimay), succède à Vernembourg. Il reste en charge jusqu'en 1475 ayant pour lieutenant d'abord, Colard de Baillet, chevalier, puis Thierry de Borset, chevalier. Il est pendant longtemps châtelain et drossart de Daelhem. (B. et H., 1re série, tome XI, p. 190.)

De 1478 à 1484 Frédérick de Witthem, chevalier, est châtelain, drossart, etc., de Limbourg, et pendant quelque temps drossart, châtelain, etc , de Daelhem (B). Après lui l'on trouve :

De 1490 à 1495 Englebert, comte de Nassau et de Vianden, etc. (B.).

De 1495 à 1504 Vincent de Zwaenenbergh (B.).

De 1504 à 1515 Jean de Palant, seigneur de Palant et de Wildenbourg, chevalier, qui est aussi pendant quelque temps châtelain et drossart de Daelhem. (B. et C., tome I, p. 505.)

De 1515 à 1516 Henri van Gulpen (B.).

De 1518 à 1542 le damoiseau d'Aremberg, c'est-à-dire Robert de la Marck, comte de la Marck et d'Aremberg, qui est aussi drossart et châtelain de Daelhem pendant quelques années. Il a, de 1537 à 1538, Herman van Ghoir, seigneur d'Andrimont, pour lieutenant en Limbourg. (B. et C., tome IV, p. 22; B., p. 521; et C., tome IX, p. 38.)

Gouverneurs capitaines généraux.

Par patentes du 29 mars 1542 (n. st?), Jean, comte d'Oost-Frise ou d'Over-Empden, seigneur de Durbuy, chevalier de la Toison d'or, etc. En vertu de patentes spéciales, il est aussi drossart, châtelain et lieutenant des fiefs de Limbourg, et, pendant longtemps, drossart, châtelain et lieutenant des fiefs de Fauquemont. Il reste en charge jusqu'à sa mort arrivée en 1572. Pendant la durée de son gouvernement Guillaume de Gulpen, seigneur de Wodemont, apparaît comme *lieutenant gouverneur* en 1568; ce Guillaume est depuis 1562 drossart, etc., de Limbourg; il reste drossart jusqu'à sa mort en 1577 et, depuis 1572, à la mort du comte d'Oost-Frise, il devient en outre drossart de Fauquemont. (B. et I., tome II, p. 666; G., p. 176; D., fol. 85; E., fol. 124 et 296 *pour ses instructions*; F., registre n° 15072, fol. 227; H., 3ᵐᵉ série, tome IV, p. 505, etc.)

En 1574 Arnould Huyn d'Amstenraedt, chevalier, seigneur de Geleen, succède à Oost-Frise, est en même temps drossart et châtelain de Fauquemont, et reste en charge jusqu'en 1578. (B., p. 324; K., tome I, p. 119; L., pp. 222-223.)

En 1578-79, le colonel Christophe de Mondragon, chevalier, seigneur de de Reminisweert, succède à Huyn. (M., p. 79.)

Par patentes du 8 octobre 1579, Claude de Witthem (dit de Beersel), seigneur de Ruysbroeck, chevalier, est nommé gouverneur. Il est drossart et châtelain de Fauquemont. Il reste en charge jusqu'à sa mort en 1597. (B., L., pp. 222-223. — N., tome III, pp. 493 et 597.)

Par patentes du 15 août 1597, Gaston Spinola, seigneur d'Embry, comte de Bruay, etc., succède à Witthem. Il prête serment à l'archiduc Albert le 10 novembre, et à la Haute Cour devant les états de Limbourg le 20 novembre. Il est drossart et châtelain de Fauquemont. Il reste en charge jusqu'en 1612 et passe alors au gouvernement de Tournai. (O., tome II, p. 117; tome III, p. 116; — F., registre n° 565, fol. 357; — P., registre n° 21, fol. 216.)

Par patentes du 25 mars 1612, Max de Sᵗᵉ-Aldegonde, baron de Noircarmes, premier comte de Sᵗᵉ-Aldegonde, chevalier de la Toison d'or, etc., succède à Spinola. Il prête serment à la Haute Cour le 17 août 1612. Il est drossart et châtelain de Fauquemont. Il reste en charge jusqu'en 1620 et passe alors au gouvernement de Namur. (Q. — H., 3ᵐᵉ série, t. VIII, p. 443; — F., registre n° 2481; — O., tome III, p. 63.

Par patentes du 16 février 1620, Charles Emmanuel de Gorrevod, marquis de Marnay, comte de Pont-de-Veaux, chevalier de la Toison d'or, succède à S¹ᵉ-Aldegonde. Il est drossart, etc., de Fauquemont. Il reste en charge jusqu'en 1624. (L., p. 226; — Q.; — F., registre 2482; — R.)

Le 29 octobre 1624, Herman de Bourgogne, comte de Fallais, beau-père de Gorrevod, prête serment à la Haute Cour du duché comme successeur de ce dernier. Il est drossart, etc., de Fauquemont. Il meurt en charge le 16 juin 1626. (B. — Q. — Biographie nationale.)

Le 16 octobre 1626, Hugues de Noyelles, comte de Noyelles et de Fallais, beau-fils de Bourgogne, prête serment à la Haute Cour comme successeur de ce dernier. Il est drossart, etc., de Fauquemont. Il quitte son gouvernement lors de l'occupation du duché par les Hollandais en 1632. Aux États Généraux, réunis en 1632 à Bruxelles, Guillaume de Caldenborg, seigneur de Boeucq, drossart de Limbourg, apparaît comme lieutenant du roi dans le duché. (W., p. 5. — S., p. 167.)

L'occupation hollandaise se prolonge du 7 septembre 1632 au 1ᵉʳ novembre 1635. (B., p. 321.)

Par patentes du 5 novembre 1635, Guillaume Bette, baron, puis premier marquis de Lede, etc., succède à Noyelles. Il reste en charge jusqu'à son passage au stadthoudérat de la Gueldre, en 1640. (O, tome VI, p. 52; — H., 2ᵐᵉ série, tome III, p. 159; — L., p. 227; — R. — F., registres nᵒˢ 2494-2496.)

Par patentes du 5 janvier 1640, Jean, comte de Wiltz, etc., succède à Lede. Il reste en charge jusque vers 1647 ou 1648. (F., registre nᵒ 2496. — L., p. 227.)

En 1647, Jean Claude de Lavergne, colonel d'un régiment wallon, lieutenant gouverneur, remplit la charge de gouverneur. (O, tome IX, p. 124.)

Par patentes du 25 février 1649, Lancelot Schetz, comte de Grobbendonck, baron de Wezemael, maréchal héréditaire du Brabant, etc., beau-fils du comte de Noyelles, succède à Wiltz. Il prête serment au gouverneur général le 9 avril, et le 28 du même mois à la Haute Cour. Il meurt en charge en 1665. (Q. — R. — F., registre nᵒ 2501. — O., tome XI, p. 234; tome XII, pp. 40, 135; tome XIII, p. 75, tome XV, p. 50.)

Par patentes du 27 mars 1665, Jean-François-Désiré, prince de Nassau-Siegen, chevalier de la Toison d'or, etc., succède à Grobbendonck. Il prête serment à la Haute Cour le 16 mars 1665. Il reste en charge jusqu'en 1684 après avoir joint à son gouvernement celui de la Gueldre. Mais de 1675 à 1678 les Français occupent le Limbourg. (F., registre nᵒ 2515; Q. — R. — H., 2ᵐᵉ série, tome II, p. 293. — B., tome II, pp. 105, 108, 109.)

Par patentes du 28 janvier 1685, Henri Louis Lamoral, prince de Ligne, etc., chef de sa maison, chevalier de la Toison d'or, succède à Nassau.

Il reste en charge jusqu'à sa mort le 8 janvier 1702. (Q. — R. — H., 2me série, tome XII, p. 293.)

Le 8 octobre 1702, François Sigismond de la Tour et Taxis, comte de Valsassine, etc., prête serment à la Haute Cour comme successeur du prince de Ligne. Il perd sa charge en 1703, quand les alliés enlèvent Limbourg à Philippe V. (Q. — R.)

Par patentes du 22 octobre 1705, Louis, comte de Sinzendorff, etc , conseiller d'État et chambellan de S. M. I. et R. Apostolique, est créé *administrateur* du Limbourg et des Pays-Bas., au nom des Habsbourg d'Autriche pendant la guerre de la succession (T , tome Ier, p. 447, patentes.)

Par patentes du 19 octobre 1705, Jean-Pierre, comte de Goës ou Goessens, conseiller d'État, etc , succède à Sinzendorff. (T , tome II, p. 00.)

Par patentes du 6 novembre 1707 (confirmant un rescrit impérial du 10 août), Ferdinand Bertrand de Quiros, conseiller d'État, etc., succède à Goessens. Il meurt en juillet 1709 (T., t II, pp. 659, 661. — H., 2me série, tome XII, pp. 294-295.)

Par patentes du 23 juillet 1709, Jean Wenceslas, comte de Gallas, etc., succède à Quiros. (T., tome II, p. 670.)

Par acte du 25 février 1710, Gallas se substitue François Adolphe, baron de Sinzerling, etc., ministre de l'Empereur auprès des États Généraux (T., tome II, p. 672.)

Par patentes du 27 octobre 1713, Sinzendorff, nommé plus haut, reprend sa charge d'administrateur.

Le 14 décembre suivant, il se substitue le général baron de Tunderfeld, déjà lieutenant gouverneur de Limbourg. (T., tome II, pp. 488-497.)

Par patentes du 17 mars 1714, le comte de Valsassine, nommé plus haut, rallié à la maison d'Autriche, redevient gouverneur et capitaine général en titre du Limbourg. Il reste en charge jusqu'en 1723. Il a à cette époque un traitement de 1,350 florins par mois. (T., tome II, p. 509, patentes. — H., 3e série, tome X, p. 371.)

Après une vacance de la charge, qui dure deux ans, et par patentes du . . 1725, Othon, comte de Vehlen, feldmaréchal, etc., succède à Valsassine.

Par patentes du 20 mai 1728, Wolfgang Guillaume de Bournonville, marquis de Bournonville, feldmaréchal lieutenant, etc., succède à Vehlen. Il prête serment à Bruxelles le 25 mai et à la Haute Cour le 30 juin. Il reste en charge jusqu'en 1754. (U., tome V, p. 317.)

La charge étant supprimée, en 1758, par commission du 26 mars, Philippe Joseph Dieudonné, baron, puis premier comte de Woestenraadt, général major, depuis 1741, au moins, lieutenant des fiefs, drossart et châtelain de

Limbourg, *est chargé de remplir les fonctions de gouverneur pour le civil et le militaire*, sans porter d'autre titre que celui de drossart. Il reste en charge jusqu'en 1794. (B.-V.)

Duché de Luxembourg et comté de Chiny.

Preuves : A. *Berthollet* Histoire du Luxembourg, tome IV , pp. xxiv et suivantes; B. *A. Henne*, Histoire du règne de Charles-Quint en Belgique. — C., Chambre des comptes. Recette générale du Luxembourg, et divers. — D. Inventaire des archives de la chambre des comptes. — E. Publications de la société pour la recherche, etc., des monuments historiques du Luxembourg. — F. *Duclerck*. Mémoires. — G , *Molinet*, Chroniques. — H , *de Robaulx de Soumoy*. Étude historique sur les tribunaux militaires. — I. Bulletins de la Commission royale d'histoire. — K. Archives de l'audience; Papiers d'État; Commissions et instructions pour des gouverneurs. — L. *Gachard*, Actes des États Généraux de 1576 à 1585. — M. *Gachard*, Actes des états généraux de 1600. — N. Collection des patentes militaires. — O. Mémoires du feldmaréchal comte de Mérode-Westerloo. — P. Bulletins de la Commission pour la publication des anciennes lois et ordonnances. — Q. Renseignements fournis par M. Hardt, archiviste du Grand-Duché.

En 1443, Philippe-le-Bon, entrant en possession du Luxembourg et du pays de Chiny, y établit comme gouverneur son bâtard Corneille de Bourgogne. Celui-ci meurt en 1452, devant Rupelmonde. (F., tome I, p. 543.)

En 1448, Antoine de Croy, premier comte de Portien, etc, succède à Corneille. Il reçoit en même temps le gouvernement de Namur, et reste en charge jusqu'en 1463. (J., 1re série, tome XI, p. 113.)

En 1468, 69, 70, 71, on trouve comme gouverneur, Rodolphe, marquis de Rothelin et de Hochberg. (D , tome II, p. 152.)

En 1475, Claude de Neuchâtel, seigneur du Fay. (H., p. 11.)

En 1478, Englebert de la Marck, seigneur d'Aremberg.

En 1479, Philippe de Croy, comte de Portien, etc , fils d'Antoine, plus tard capitaine général du Hainaut. (G., chapitre LXXI.)

En 1480, Hugues, seigneur du Faing, chevalier. (E., tome X, p. 85.)

De 1480 à 1483, Claude de Neuchatel, seigneur du Fay. (E., tome X, p 85. — J., 5e série, tome X, p. III.)

En 1483, Englebert, comte de Nassau et de Vianden, chevalier de la Toison d'or.

Par patentes du 20 août 1488, Christophe, marquis de Bade, chevalier de la Toison d'or, reçoit le gouvernement du Luxembourg et de Chiny en *engagère*. Quand il devient insensé, ses fils, Philippe et Bernard, les *jeunes marquis*, gouvernent alternativement en son nom. (K., fol. 7, 8, 9, 10. — B , tome II, p. 241)

Par patentes du 28 octobre 1528, Bernard, marquis de Bade, succède officiellement à son père. Il renonce en 1531 à son *engagère*, pour lui et ses fils, moyennant une indemnité. (K , loco citato *Instructions*. — B., tome IV, p. 221; tome V, p. 140.)

Par patentes du 31 décembre 1531, Philippe de Croy, marquis, puis premier duc d'Arschot, prince de Chimay par sa femme, chevalier de la Toison d'or, déjà grand bailli et capitaine général du Hainaut, succède au marquis Bernard. (B., tome VI, p. 83. — Il est cité dans l'acte d'érection du conseil de Luxembourg.)

Par patentes du 1ᵉʳ août 1553, Antoine de Glymes, premier marquis de Berghes, premier comte de Walhain, succède à Croy-Arschot, en conservant le gouvernement de Namur qu'il possède déjà. Il meurt en charge en 1541. (B., tome VI, p. 83.)

Par patentes du 7 décembre 1541, Pierre de Werchin, sénéchal héréditaire du Hainaut, chevalier de la Toison d'or, succède à Glymes-Berghes dans ses deux gouvernances. (B., tome III, p 57; tome VII, p. 506. — K., folio 118, *Instructions*.)

Par patentes du 2 juin 1545, Pierre Ernest de Mansfeld, comte, puis prince de Mansfeld, etc.; chevalier de la Toison d'or, succède à Werchin dans ses deux gouvernances. Il est fait prisonnier par les Français en 1552. (B , tome IX, p. 239; tome VIII, p. 118. — K , folio 158, *Instructions*.)

Par commission du 25 juillet 1552, Lamoral d'Egmont, comte d'Egmont, prince de Gavre, chevalier de la Toison d'or, etc., est commis au gouvernement *par provision* et tant que Mansfeld sera empêché (B., tome IX, p. 265.)

Par commission du 26 mars 1553, Martin van Rossem, seigneur de Poederoyen, chevalier, maréchal de Gueldre, succède *par provision* à d'Egmont. Il reste en charge jusqu'à sa mort en 1555. Cependant, par commission du 22 juin 1554, Philippe d'Orley, seigneur des Écaussines, bailli du Brabant wallon, gouverne le duché par *intérim* tant que van Rossem est absent. (B., tome X, p. 108.)

Par patentes du 25 juin 1555, Charles de Brimeu, seigneur d'Humbercourt, comte de Meghem, chevalier de la Toison dor (petit-fils de Gui), est créé lieutenant, gouverneur et capitaine général *en titre*, parce que Charles-Quint trouve des inconvénients à faire durer le provisoire pendant la captivité de Mansfeld qui se prolonge. (B., tome X, p, 202. — K , folio 264, 269. *Patentes et instructions*.)

Le 1er octobre 1557, le comte de Mansfeld rentre en charge et reste titulaire du gouvernement du Luxembourg, même pendant qu'il gouverne les Pays-Bas, jusqu'à sa mort en 1604. En 1576, quand il est arrêté avec les membres du conseil d'État, il est remplacé provisoirement par le comte de Manderscheidt; et, en 1600, il a pour lieutenant-gouverneur, Jacques, seigneur de Raville, chevalier. (L., tome I, pp. 29-31. — M., page 49.)

Par patentes du 20 juillet 1604, Florent de Berlaymont, comte de Berlaymont et de Lalaing, chevalier de la Toison d'or, ancien gouverneur de Namur, quitte le gouvernement de l'Artois et succède à Mansfeld. Il reste en charge jusqu'à sa mort en 1626. (C registres 2646 et suivants — K., folio 428, *Instructions*.)

Par patentes du 7 décembre 1626, Christophe, comte d'Oost-Frise ou d'Over-Empden, chevalier de la Toison d'or, succède à Berlaymont. En janvier 1632 il reçoit une patente qui le fait commandant d'un corps d'armée, formé dans sa province, et destiné à faire campagne en Allemagne. La même année il est remplacé provisoirement par Pierre Thierry, comte de Blanckenheim et de Manderscheidt, mais il reste gouverneur et capitaine général jusqu'à sa mort en 1636. (C.; registres nos 2646, 2647 — K.—A. 457, *Instructions*. — J.; 5me série, tome I, p 978)

Par patentes du 17 janvier 1636, Ernest, comte d'Isembourg et de Grentzau, chevalier de la Toison d'or, est créé commandant des gens de guerre en campagne dans le Luxembourg; et, par patentes du 25 mars 1636, le comte de Keyl, lieutenant gouverneur, est maintenu dans son office par le pouvoir central pendant la vacance du gouvernement, avec charge de veiller au logement des gens de guerre, mais sans avoir de commandement sur eux. (N., tome V, pp. 1 et 6.)

En janvier 1638 Claude de Lannoy, premier comte de la Motterie, chevalier de la Toison d'or, devient gouverneur civil et militaire du Luxembourg, *par provision*. (N. tome VI, p. 35.)

Par patentes du 6 mars 1638, Jean Beck, baron de Beaufort, etc., est créé commandant militaire du duché et, par patentes du 18 janvier 1642, gouverneur et capitaine général en titre. Il meurt en 1648. (N., tome VI, p. 55. — C , registre n° 2648. — Biographie nationale.)

Par patentes du 25 février 1649, Philippe François de Croy, duc de Havré, chevalier de la Toison d'or, etc., succède à Beck en quittant le gouvernement de Tournai. Il meurt en 1650 et n'est pas remplacé avant 1654. (C., registre n° 2648.)

Pendant la vacance du siége sont successivement commandants militaires de la province : Ghislain de Bryas, premier marquis de Mollinghen, le marquis Alonzo de Strozzi, et don Juan François Sanchez de Pardo. (A.)

11

Par patentes du 24 janvier 1654, Philippe de Croy-Chimay-Aremberg, prince de Chimay, chevalier de la Toison d'or, etc., succède à son cousin le duc de Havré en quittant le gouvernement de Namur. Il meurt en charge en 1675. Pendant *ses absences* on voit successivement le commandement des gens de guerre de la province exercé par : Jean Chrétien de Landas de Louvegnies, et par don Carlos de Joux, marquis de Conflans. (C., registre n° 2648. — N., tome XXIII p. 15. — J., 1re série, tome XI, p. 162.)

Le 3 mai 1676 le marquis de Conflans prête serment comme gouverneur et capitaine général *intérimaire* en attendant l'arrivée du successeur de Chimay. Il meurt plus tard vice-roi de Navarre. (C., registre n° 2652. — O., p. 51.)

Par patentes du 21 juillet 1675, Ernest Alexandre de Croy-Chimay-Aremberg, prince de Chimay, chevalier de la Toison d'or, fils de Philippe, est investi de la charge devenue vacante par la mort de son père. Il ne prend possession de son gouvernement qu'en 1676 ou 1677. Il rend Luxembourg aux armées françaises en 1684, après une belle défense, et va mourir en 1686 vice-roi et capitaine général de Catalogne. Par patentes du 4 janvier 1678 le comte de Soye avait été commis pour remplacer éventuellement Chimay en cas de maladie ou d'absence. (C., registre n° 2656. — N., tome XXVI, fol. 221.— J., 1re série, tome XI, p. 162 ; 3me série, tome X, p. 561.)

Pendant le *régime* français on trouve comme gouverneur : le marquis de Lambert ; et comme commandants : le marquis de Boufflers ; Nicolas de Catinat ; Henri duc d'Harcourt ; Louis du Parc, marquis de Locmaria (A).

Les Français ayant évacué le Luxembourg, en conséquence de la paix de Ryswick, Jean Frédérick d'Autel, baron de Vogelsanck, premier comte d'Autel, général de l'électeur palatin, prend possession de la ville capitale le 28 janvier 1698 au nom de Charles II. Il était déjà nommé gouverneur et capitaine général de la province par patentes du 15 novembre 1697. Il est maintenu en charge d'abord par Philippe V, ensuite par Max de Bavière, souverain du Luxembourg. (C., registres n°s 2655, 2656. — J., 2me série, tome VII, p. 454. — P., tome I, pp. 507, 508.)

Par ordonnance du 17 octobre 1714, datée de Presbourg, l'empereur Charles VI donne pleins pouvoirs au général Bertrand-Antoine, baron de Wachtendonck, commandeur de l'ordre Teutonique, de prendre possession du Luxembourg. Wachtendonck exécute sa mission les 2, 3, 4, 15 et 16 janvier suivant. (J., 2me série, tome VII, p. 445. — P. tome I, p. 508. Q.)

Par patentes du 30 octobre 1716, Jean-François, comte de Bronckhorst-Gronsfeld, etc., est créé gouverneur et capitaine général. Il meurt en charge le 7 avril 1719. (Q. et O., tome II, p. 225 et liv. 128.)

Après une longue vacance la charge de commandant et gouverneur provisionnel de la ville et de la province est donnée à François Paul, comte de Wallis. Sa nomination est annoncée au conseil de Luxembourg par lettre de la gouvernante générale, du 16 mai 1727. Wallis quitte la province en 1729. (Q.)

En 1750, par lettre du 15 mai, la gouvernante générale informe le conseil de Luxembourg que l'Empereur a confié le commandement provisionnel de la ville et de la province, avec tous les droits et honneurs des gouverneurs précédents, au général-major, chevalier de la Toison d'or, baron, puis comte de Neipperg. Celui-ci reste en charge jusqu'en 1755. (Q.)

Le 3 février 1756 le général baron de Marschall arrive à Luxembourg comme gouverneur de la ville et de la province, mais il n'a plus, de même que ses successeurs, que des attributions militaires. (Q. — J., 3me série, tome VII, p. 421.)

Duché de Gueldre et comté de Zutphen.

Preuves. A. *Henne*, Histoire du règne de Charles-Quint en Belgique. — B. De ridderschap van Veluwe, etc. door *M. W. F. baron d'Ablaing van Giessenberg*, p. 75 et suivantes. — C. *Pontanus*, Historia Gelriæ. — D. van Slichtenhorst, XIV boeken van Geldersse geschiedenissen. — E. *Gachard*, Rapport sur les archives de Lille. — F. *Groen van Prinsterer*, Archives ou correspondances inédites de la maison d'Orange-Nassau. — G. Manuscrit n° 20411 de la Bibliothèque royale. — H. Archives de l'audience : Papiers d'État, Commissions et Instructions pour des gouverneurs. — I. *Gachard*, Correspondance de Philippe II. — K. *Gachard*, Correspondance de Marguerite de Parme. — L. *Nypels*, Les ordonnances criminelles de Philippe II. — M. Inventaris van het oud archief der gemeente Nijmegen, door Nijhof. — N. *Gachard*, Actes des États Généraux de 1576 à 1585. — O. Bulletins de la Commission royale d'histoire. — P. *Bilderdyck*, Geschiedenis des vaderlands. — Q. *Van Meteren*, Historia belgica nostri potissimum temporis. — R. *Bentivoglio*, édition française de 1770. — S. *Gachard*, Collection de documents inédits concernant l'histoire de Belgique. — T. Collection des patentes militaires. — U. Chambre des comptes, recette générale du Limbourg — W. Cartons du conseil privé. — X. Consultes du conseil privé. — Y. Mémoires du feldmaréchal de Mérode-Westerloo. — Z. Délices des Pays-Bas.

Guillaume, seigneur d'Egmont, etc., est nommé stadthouder par Charles le Téméraire en 1473. (A., tome I, p. 57; tome VII, p. 199. — B.)

Philippe de Croy, comte de Chimay, etc., succède à Egmont au commencement de 1476, et reste en charge jusqu'en février 1477 à l'expulsion des Bourguignons. (B.)

En 1480 Guillaume d'Egmont revient comme représentant de Maximilien d'Autriche et de Marie de Bourgogne. (A , tome I, p. 57 ; tome VII, p. 199.)

En 1481 Adolphe, comte de Nassau-Wiesbaden, succède à Egmont. (C., p 573. — E., p. 278. — B.)

En 1504 Jean V, comte de Nassau, frère du comte Englebert, est commis au gouvernement par Philippe le Beau. (A., tome Ier, p. 70.)

En octobre 1505 Philippe , bâtard de Bourgogne, sire de Blaton, chevalier de la Toison d'or, plus tard évêque d'Utrecht, succède à Nassau. Il donne sa démission par dépit de ne pouvoir continuer les opérations militaires à son gré , mais il reste provisoirement en charge jusqu'en 1510. (A., tome Ier, pp. 102, 125, 151. — B.)

En 1510 Florent d'Egmont, seigneur d'Ysselstein, chevalier de la Toison d'or, plus tard deuxième comte de Buren, succède à Blaton. (A., tome Ier, pp. 254, 313.)

Par patentes du 20 septembre 1543, données après la réunion définitive de la Gueldre aux Pays-Bas, René de Nassau-Châlons, premier prince d'Orange de sa maison, chevalier de la Toison d'or, déjà stadthouder de Hollande, est créé par Charles-Quint stadthouder et capitaine général de la Gueldre et de Zutphen. Il meurt devant Saint-Dizier. (A., tome VIII, p. 130. — F., 1re série, tome Ier, p. 74. — M., pp. 75 et suivantes.)

Par patentes du 15 janvier 1545 Philippe de Lalaing, comte de Hoogstraeten et de Rennebourg, chevalier de la Toison d'or, succède à Orange. Il est aussi grand veneur. Il meurt en 1555. (A., tome VIII, p. 540. — G., fol. 92 et 102, *Instructions*. — H., fol. 140, *idem*. — M., p. 75. — B., p. xli.)

Après avoir été désigné dès le mois de juin par les états de Gueldre, par patentes du 25 septembre 1555, Philippe de Montmorency-Nevele, comte de Hornes, chevalier de la Toison d'or, succède à Hoogstraeten comme stadthouder et grand veneur. Il est maintenu en charge le 15 février 1558, mais, peu de temps après, il est contraint de laisser son gouvernement pour l'amirauté de la mer. (J., tome Ier, p. cxcvi. — G., fol. 110, *Instructions*. — H., fol. 282, 292, 306, *Instructions*. — B., fol. xvi. — M., p. 82.)

Par patentes de..... 1560, expédiées d'Espagne, Charles de Brimeu, comte de Meghem, etc., ancien gouverneur du Luxembourg, ancien capitaine général du Hainaut, succède à Hornes dans le stadthoudérat et la vénerie. En 1570 Philippe II, qui lui donne le gouvernement en titre de la Frise, témoigne l'intention de lui enlever celui de la Gueldre, mais il ne donne pas suite à son dessein. Meghem reste en charge jusqu'à sa mort arrivée à Zwolle le 8 janvier 1572. (D., p. 520. — J., tome Ier, p. 180 ; tome II, p. 136. — K.,

tome 1ᵉʳ, p. 186. — L., p. 46 — G., fol. 105, 362, *Instructions*. — B., p. xlı.
— M., pp. 84 à 110.)

En 1572 Gilles de Berlaymont, baron de Hierges, chevalier de la Toison
d'or, plus tard comte de Berlaymont, succède à Meghem comme stadthouder
et grand veneur. Il est installé le 30 avril. Il est maintenu par les États Généraux et par don Juan. A la rupture de celui-ci avec les États Généraux Hierges
se range à ses côtés et, en 1578, il passe au gouvernement de Namur. (J ,
tome III, p. 517. — N., tome 1ᵉʳ, pp. 42, 48, 75, 112. — O., 2ᵉ série, tome V,
p. 165. — B., p. xlı. — M., p. 111, 112, 113.)

Quand Hierges s'est rangé auprès de don Juan, les États Généraux, par commission du 22 septembre 1577, nomment stadthouder et capitaine général
de la Gueldre, *par provision*, Maximilien de Hennin Lietard, premier comte
de Boussu. (N., tome 1ᵉʳ, p. 255.)

Dès le 17 novembre 1577, le prince d'Orange est nommé provisionnellement *stadthouder* par les états de Gueldre. Mais cela n'a pas de suite, et par
nomination des états, confirmée par l'archiduc Mathias, le 28 mai 1578,
Jean, comte de Nassau, frère du prince d'Orange, succède à Boussu. Il signe
l'Union d'Utrecht, dont il est le principal auteur, comme *stadthouder*, et
donne sa démission le 2 juin 1581. (N., tome II, p. 357. — F., 1ʳᵉ série,
tome VI, p. 388. — R — M., p 119.)

Par commission du 20 octobre 1581, donnée par les États Généraux (après
un nouveau refus du prince d'Orange), confirmant une nomination condition-
nelle du 7 octobre faite par les états de Gueldre, Guillaume, comte de Bergh
ou s'Heerenbergen (maison de Pollaenen-Wassenaer), succède à Nassau. Il est
assermenté le 25 novembre Il reste en charge jusqu'au 24 novembre 1583
à sa réconciliation avec le roi. (B., p. lxxvii. — F., 1ʳᵉ série, tome VIII,
p. 41. — P., tome VII, p. 68.)

Le 17 avril 1584 les états de Gueldre remplacent Guillaume de Bergh
par Adolphe, comte de Nieuwnaer et de Meurs, et celui-ci est, après beaucoup de difficultés, assermenté le 20 juin suivant. Il reste en charge jusqu'à sa mort le 5 octobre 1589. (B., p. lxxviii. — P., tome VII, p. 102. —
Q., p. 380.)

Pendant cette période les trois bas quartiers de la Gueldre se détachent entièrement de la monarchie de Philippe II. En 1580 la chancellerie de Gueldre
est transférée d'Arnheim à Ruremonde, capitale du haut quartier, qui demeure seul uni aux Pays-Bas méridionaux.

En 1583-84 Charles de Ligne-Aremberg, comte d'Aremberg, chevalier de la
Toison d'or (fils de Jean, ancien gouverneur de Frise), commande l'armée
royale en Gueldre. (Biographie nationale.)

En 1585, par patentes du..... Claude de Berlaymont, baron de Haultepenne. frère du baron de Hierges, est nommé par Philippe II stadthouder et capitaine général de la Gueldre *par provision*. Il meurt le 13 juillet 1587. (Biographie nationale. — Q , pp. 402, 437. — H., fol. 402, *Instructions.* — M , p. 125.)

En 1589 Marc de Rye, marquis de Varambon, chevalier de la Toison d'or, est stadthouder et capitaine général. (Q., p. 501. — R., tome III, p. 194.)

En 1592 Charles de Ligne-Aremberg, précité, est créé stadthouder et capitaine général. (Q., p. 548 et Nobiliaire des Pays-Bas.)

En 1593 Herman, comte de Bergh, chevalier de la Toison d'or (fils de Guillaume cité plus haut), succède à Aremberg. (S., tome 1er, p. 419. — Q., p. 599. — F., 2e série, tome 1er, p. 243.)

En 1611 Frédérick, comte de Bergh, chevalier de la Toison d'or, quitte son gouvernement de l'Artois pour venir succéder à son frère Herman. (T., tome II, p 222 et Nobiliaire des Pays-Bas.)

En 1618 Henri, comte de Bergh, succède à son frère Frédérick. Il reste en charge jusqu'à sa trahison et sa condamnation prononcée le 13 mars 1634. (Biographie nationale. — H., fol. 461, *instructions.*)

Par patentes du 24 décembre 1637, Guillaume Bette, marquis de Lede, gouverneur du Limbourg, reçoit le commandement, par provision, de tous les gens de guerre entre le Rhin et la Meuse. Il devient stadthouder et capitaine général de la Gueldre par patentes du 5 janvier 1640. (T., tome VI, p. 52. — H., fol. 471, *Instructions.* — U., registre n° 2496.)

Par patentes du 30 janvier 1643, Jacques de Haynau est nommé commandant, par *provision*, des gens de guerre entre le Rhin et la Meuse. (T , tome VI, p. 252.)

Par patentes du 13 août 1646, Jean Conrard d'Aubremont, baron de Ribaucourt, succède à Bette de Lede. Il reste en charge jusqu'à sa mort en 1652. (H., fol. 479, patentes.)

Par patentes du 14 octobre 1652, Philippe Balthazar de Gand dit Vilain, comte d'Isenghien, premier prince de Masmines, chevalier de la Toison d'or, succède à Aubremont. Il reste en charge jusqu'à sa mort en 1681. Mais, pendant ses absences sont créés successivement gouverneurs intérimaires : par patentes du 20 février 1677, le marquis de Conflans; et, par patentes du 14 juillet 1679, François-Philippe de Melun, marquis de Richebourg. (H., fol. 487, 491, 495.)

Par patentes du 20 mai 1681, Jean-François-Fortuné-Désiré, prince de Nassau-Siegen, chevalier de la Toison d'or, gouverneur du Limbourg, succède à Masmines. Il est installé par les états de la province le 5 février 1682. (Archives du conseil de Gueldre. W. carton, n° 21. — X., tome V, fol. 192 et suivants.)

Par patentes du ... 1690, Philippe-Emmanuel de Hornes, prince et comte de Hornes et de Houtkerke, succède à Nassau. Il meurt en 1718, mais il perd son gouvernement en octobre 1702, quand les alliés enlèvent la Gueldre à Philippe V. (Y., p. 274. — Z., tome II, p. 129-144.)

En 1716, le 1er mars, le comte Jean-Dominique de Maldeghem prend possession au nom de Charles VI de la Gueldre dite autrichienne, c'est-à-dire du haut quartier démembré au profit de la Prusse, des États Généraux de Hollande et de l'électeur palatin. (*Réclamations belgiques*, tome X, p. 72. — Z., tome II, p. 144.)

En 17... le baron de Dalberg est *stadthouder provisionnel*. (W., carton n° 21.)

En 1727, le lieutenant-colonel Jean Mastro de Negrette, simple commandant militaire, devient *stadthouder provisionnel honoris causa*. Après lui le gouvernement de la Gueldre demeure définitivement supprimé. (W., carton n° 21.)

COMTÉ DE FLANDRE (1).

Preuves. A. *L'Espinoy*, Antiquités et noblesse de Flandre. — B. *Sanderus*, tome Ier, p. 28. — C. Inventaire des archives de la ville d'Ypres. — D. *Guillaume*, Mémoire couronné sur l'organisation militaire sous les ducs de Bourgogne. — E. *Molinet*, Chroniques. — F. *Kervyn de Lettenhove*, Histoire de Flandre. — G. Bulletins de la Commission royale d'histoire. — H. *Pontus Heuterus*, Rerum Belgicarum libri quindecim. Anvers, 1598. — J. *Henne*, Histoire du règne de Charles-Quint en Belgique. — K. Correspondance de Marguerite de Parme et de Maximilien d'Autriche. — L. Manuscrit n° 20411 de la Bibliothèque royale. — M. *Gachard*, Correspondance de Philippe II. — N. *Gachard*, Actes des États Généraux de 1576 à 1585. — O. *Van Meteren*, Ouvrage cité. — P. *Juste*, Guillaume le Taciturne. — Q. Archives de l'audience; Papiers d'État, Commissions et Instructions pour les gouverneurs.

En 1425, Philippe le Hardi, se rendant en Bourgogne, confie le gouvernement du comté de Flandre à son *conseil*. (C., tome III, p. 156.)

Vers 1454, Jean, seigneur de Ghistelles, est créé par Philippe le Bon gouverneur du comté. (A., — B., tome Ier, p. 28.)

En 1454, le comte d'Étampes est lieutenant gouverneur général de la

---

(1) La liste de L'Espinoy dans ses Antiquités et noblesse est fort défectueuse.

Flandre et de l'Artois pendant l'absence du duc de Bourgogne. (C., tome III, p. 167.)

En 1453, le duc, s'absentant, confie le gouvernement du comté à *son conseil* (C , tome VII, p. 145.)

En 1452, le sire de la Gruthuuse est capitaine général du comté. (D., p. 85.)

En 1474, pendant que Charles le Téméraire est en Ferette, Jean, seigneur de Lalaing, ancien gouverneur de Hollande, est momentanément lieutenant général de Flandre. (E., chap. xcvii.)

En 1482, les états du comté, reconnaissant à Maximilien le titre de bail et mambour de son fils, ne le font qu'avec réserve : « que la Flandre sera gouvernée soubs le nom de Msr Phelippe par l'advis de ceulx de son sang et de son conseil estans et ordonnez lez lui. » Ils choisissent pour ces conseillers Adolphe de Clèves et de la Marck, seigneur de Ravenstein, chevalier de la Toison d'or, Philippe de Bourgogne, seigneur de Beveren, chevalier de la Toison d'or, Louis de Bruges, seigneur de la Gruthuuse, comte de Winchester, chevalier de la Toison d'or, et Adrien de Gand dit Vilain, seigneur de Rasseghem ou Rassenghien. (F., tome V, pp. 351, 359. — B.)

En 1484, Jacques de Savoie, comte de Romont, commande comme capitaine général les Flamands contre Maximilien. (F., tome V, pp. 561, 562.)

En 1488, Philippe de Clèves, fils d'Adolphe, dit Philippe *Monsieur*, est capitaine général des Flandres *pour* Maximilien. Mais après la rupture de la paix de Bruges, il devint capitaine général des Flandres *contre* Maximilien. Il prête serment en cette dernière qualité le 30 juillet 1488. (G., 2e série, tome II, pp. 357, 561; tome X, p. 581.)

Depuis 1489, Englebert, comte de Nassau et de Vianden, etc., devient lieutenant général de Maximilien en Flandre. Il meurt en 1504. (H., pp. 178, 267. — G., 2e série, tome III, p. 253. — C., tome VII, p. 196; tome IV, pp. 180, 206, 222, 249. — B)

De 1505 à 1517, Jacques de Luxembourg, seigneur de Fiennes, chevalier de la Toison d'or, exerce la charge de gouverneur et de capitaine général du comté de Flandre (ainsi que du comté d'Artois et de la Flandre gallicante). (J., tome Ier, p. 255; tome II, p. 12. — K., tome Ier, p. 288. — B.)

En 1517, à la mort de Jacques de Luxembourg, son fils Jacques II, premier comte de Gavre, chevalier de la Toison d'or, déjà gouverneur de la Flandre gallicante, lui succède. Quand il meurt, en 1522, le pouvoir central laisse le gouvernement de Flandre vacant pendant huit ans. (J., tome IV, p. 100. — G., 5e série, tome VI, p. 151.)

Par patentes du 27 décembre 1540, Adrien de Croy, premier comte du Rœulx, chevalier de la Toison d'or, déjà gouverneur d'Artois et de Flandre gallicante, est créé gouverneur et capitaine général du comté de Flandre. Il meurt en 1553 au siége de Thérouanne. (J , tome VII, p. 100. — L , fol. 3 et 4, *Instructions.*)

Après une longue vacance de la charge, et par patentes du 7 août 1559, Lamoral, comte d'Egmont, etc., succède au comte du Rœulx dans ses gouvernements de Flandre et d'Artois, en considération des services rendus par lui à Saint-Quentin et à Gravelines. (Q., fol. 311, *Instructions;* — M.,tome II, pp. 171 , 185.)

Après une nouvelle vacance et par commission du 3 juillet 1572, le colonel Jean de Croy, comte du Rœulx (fils d'Adrien), est commis à la surintendance du comté. Il reste en charge jusqu'à sa mort en 1581. (M., tome II, p. 701, commission. — N., tome Iᵉʳ, p. 3. — C., tome V , passim.)

Par commission des États Généraux du 20 septembre 1577, Philippe de Croy, duc d'Arschot, chevalier de la Toison d'or, etc., est nommé gouverneur quand le comte du Rœulx se range aux côtés de don Juan. Il est peu après arrêté à Gand par la démagogie calviniste et ne rentre plus en charge. (G., 1ʳᵉ série , tome XI, pp. 135, 157–143, 215, 217, etc.)

En 1579 Guillaume de Nassau, déjà stadthouder de Hollande, Zélande, West-Frise, ruwaert du Brabant, etc., devient gouverneur pour les États Généraux en lutte contre les gouverneurs généraux du roi. (P., p. 261.)

Par commission du 5 août 1583, la ville de Bruges et, par commission du 5 septembre suivant, les villes de Gand et d'Ypres créent Charles de Croy prince de Chimay (fils d'Arschot), gouverneur *absolu* de la Flandre. Il se réconcilie avec Farnèse le 20 mai 1584, et devient, peu après, gouverneur et grand bailli du Hainaut. « Depuis quel temps le dit gouvernement n'a plus esté proveu , mais a demeuré annexé au gouvernement général des Pays-Bas. » (G 1ʳᵉ série , tome XI, pp. 217 et 143. — A.)

Comté de Hainaut.

Preuves. — A , *Pinchart*, Histoire du conseil souverain du Hainaut. — B. Inventaire des archives de la chambre des comptes, t. II. — C. Collection des patentes militaires. — D. Manuscrit, nᵒ 20411 de la Bibliothèque royale. — E. Archives de l'Audience : Papiers d'État, Commissions et Instructions pour des gouverneurs de province. — F. Bulletins de la Commission royale d'histoire. — G. Bulletins de la Commission pour la publication des anciennes lois et ordonnances. — H. Inventaire analytique des archives de la ville d'Ath — J. *Lacroix*, Inventaire des archives, etc., ouvr. cité. — K. Biographie nationale. — L. Chancellerie des Pays-Bas Patentes d'offices. — M. Annuaire de la province de Hainaut de 1794. — N. *Gachard*. Correspondance de Marguerite de Parme. — O. *Gachard*, Correspondance de Philippe II. — P. Annales de la Société archéologique de Namur. — Q. De Robaulx de Soumoy, ouv. cit. — R. Bulletins de l'Académie royale.

Grauds baillis	Capitaines généraux.

Guillaume de Lalaing, seigneur de Bugnicourt, est bailli du 24 juillet 1427 au 21 janvier 1454. A cette date il est *déporté* de son office par Philippe le Bon. (A., p. 146. — B., pp. 557, 558.)

De 1454 à 56 Jean de Croy, premier comte de Chimay, chevalier de la Toison d'or, est capitaine général et bailli. (A., p. 146. — B., 452-558.)

Par patentes du 11 février 1457, Philippe de Croy, comte de Chimay, chevalier de la Toison d'or, fils de Jean, lui succède dans ses deux charges. Il se titre de *grand bailli;* prête serment le 14 février; compte comme grand bailli jusqu'au 51 décembre 1465, et se déporte volontairement de ses charges. (A , p. 146. — B. pp. 452-559.)

Du 1er janvier 1465 au 14 décembre 1467 Jean de Rubempré, sire de Bievennes, chevalier de la Toison d'or, est grand bailli. (A., p. 146. — B., p. 559.)

Le 22 décembre 1467, Antoine Rolyn, sire d'Aymeries et d'Anthumes, prête serment comme capitaine général et grand bailli (A., 146.—B., p. 559.)

A. Rolyn reste grand bailli jusqu'en 1497. (A., p. 146. — B., pp. 452, 540, 541.—F., 1re série, tome XI, pp. 125-199.)

Par patentes du 7 juillet 1477, Adolphe de Clèves et de la Marck, seigneur de Ravenstein, chevalier de la Toison d'or, etc, est lieutenant gouverneur et capitaine général. Mais, peu de temps après, son fils Philippe est chargé de la capitainerie, en son absence. (F., 5e série, tome VIII, p. 285, commission.)

Par patentes du 6 août 1482, Philippe de Croy, comte de Portien, chevalier de l'ordre de Saint-Michel (France), est nommé capitaine général *par provision* tant que Philippe, *Monsieur* de Clèves, sera empêché. (F., 1re série, tome XI, p. 198.)

Par commission du 4 juin 1483, Philippe *Monsieur* est créé de nouveau lieutenant général du Hainaut. (F., 3e série, tome VIII, p. 285.)

Par commission du 19 décembre 1484, Jean, sire de Ligne, chevalier de la Toison d'or, est nommé capitaine général *par provision* en l'absence de Philippe de Clèves. (F., 2e série, tome II, p. 315.)

En 1485 Philippe de Clèves exerce sa charge en personne. (*Idem.*)

En 1488 Charles de Croy, premier prince de Chimay, chevalier de la Toison d'or, succède à Clèves. Il reste en charge jusqu'en 1521 et donne alors sa démission en faveur de son gendre qui suit, Philippe de Croy.

En 1497 Guillaume de Croy, sire de Chièvres, duc de Soria, chevalier de la Toison d'or, devient titulaire de la charge de grand bailli qui, dès 1496, lui avait été promise pour le jour où A. Rolyn mourrait. (A., p. 146. — B., pp. 452, 541. — F., 1re série, tome XI, pp. 125, 199.)

Par patentes du 15 novembre 1504, Jacques de Gavre, seigneur de Fresin, chevalier de la Toison d'or, succède à Chièvres. Il meurt en charge le 5 août 1557. (A., p. 146. — B., pp 452-541.)

Par patentes du 2 juillet 1521, Philippe de Croy, marquis d'Arschot, plus tard premier duc d'Arschot, chevalier de la Toison d'or, neveu de Chièvres, prince de Chimay par sa femme, devient capitaine général. Il est confirmé dans sa charge le 20 septembre 1524. Après la mort de

Gavre, et par patentes du 20 août 1557, il devient en outre grand bailli, en suite d'une promesse écrite qui lui avait été octroyée le 12 avril 1522. Il meurt en 1549 en possession de ses deux charges. (A., p. 146. — B., p. 542. — F., 1re série, tome XI, pp. 208, 209, 211. — D., fol. 15, 17.)

Par patentes du 12 avril 1549, Charles de Lalaing, deuxième comte de Lalaing, chevalier de la Toison d'or, obtient ces deux charges. Il donne, le

16 mars 1556, *sa démission* du grand bailliage, mais reste capitaine général jusqu'à sa mort en 1558. (A., p. 146. — B., p. 543.)

Par patentes du 17 mars 1556, Jean de Lannoy, sire ou baron de Molembaix, chevalier de la Toison d'or, est fait grand bailli. Il meurt en 1559. (A., p. 146. — B , p. 544.)

Par patentes du 22 novembre 1558, Charles de Brimeu, comte de Meghem, etc., est fait capitaine général. Il passe, en 1560, au stadthoudérat de la Gueldre. (C., tome Ier, p. 206.)

Par patentes du 12 mars 1560, Jean de Glymes, marquis de Berghes, chevalier de la Toison d'or, gendre du grand bailli Lannoy-Molembaix, obtient la charge de celui-ci et celle de Meghem. Il prête serment à la gouvernante générale le 17 juillet 1560, et reste en charge jusqu'à sa mort en Espagne en 1567. (A , p. 146. — B., p. 432-544. — F., 2e série, tome V, p. 342. — N., tome Ier, p. 224.)

Par commission du 1er juillet 1566, Philippe de Ste-Aldegonde, baron de Noircarmes, obtient les deux charges *par provision*, en l'absence de Berghes Il est confirmé en 1570 et meurt en 1574 à Utrecht (A., p 146. — B., p. 544. — O., tome II, p. 137.)

Par commission du 20 mars 1574, Philippe de Lalaing, comte de Lalaing, etc , obtient les deux charges *par provision*. Il reste en possession, en dépit de toutes les fluctuations de la politique, jusqu'à sa mort en 1582. (A , p 146. — B , pp. 432, 545. — F., 2me série, tome XI, p. 217 ; tome VIII, p. 432.

Le 12 juillet 1582, Emmanuel de Lalaing, baron de Montigny, puis marquis de Renty, chevalier de la Toison d'or, frère utérin du précédent, prête serment comme titulaire des deux charges. Il meurt en fonctions en 1590. (A., p. 146. — B., p. 545. — F., 2me série, tome IX, p. 520 et suivantes.)

Par deux patentes séparées, datées l'une et l'autre du 25 mars 1595, Charles de Croy, prince de Chimay, chevalier de la Toison d'or, plus tard troisième duc d'Arschot (ancien gouverneur de Flandre pour l'insurrection), obtient les deux charges pour *cinq ans*. Il est *prolongé* le 23 avril 1598 et meurt en fonctions le 13 janvier 1613. (A., p. 146. — B., pp. 432, 546. — F., 1re série, tome XI, p. 155.)

Par patentes du 10 juin 1613, Charles de Longueval, comte de Bucquoy, chevalier de la Toison d'or (héros futur des guerres de Bohême), obtient les deux charges. Il les garde jusqu'à sa mort en 1621. (A., p. 146. — B., pp. 433, 547. — E., fol. 459, *Instructions*.)

En 1622 et 1623, Jean de Croy, comte de Solre, chevalier de la Toison d'or, est grand bailli et capitaine général *par intérim*. (P., tome VIII, p. 247. — Q., p 150 en note. — II., p. 86.)

(**165**)

En 1623, Lamoral de Ligne, premier prince de Ligne, chevalier de la Toison d'or, est investi des deux charges, mais il n'en prend pas possession. Son nom est cependant mentionné dans les patentes de son successeur. (B., p. 547.)

Par patentes du 6 février 1624, Florent de Noyelles, comte de Marles, obtient les deux charges, mais seulement *par provision*, parce qu'elles sont promises au fils de Bucquoy pour le jour de sa majorité. Il meurt peu après. (A., p. 147. — B., p. 547.)

En 1625, Guillaume de Melun, prince d'Espinoy, chevalier de la Toison d'or, succède *par provision* à Noyelles, et reste en charge jusqu'en 1631. (A., p. 147.)

Du 19 avril 1632 au 29 mars 1663, Charles-Albert de Longueval, comte de Bucquoy, chevalier de la Toison d'or, est grand bailli, capitaine général et souverain officier. Par patentes du 18 novembre 1657, il reçoit le commandement des gens de guerre en campagne dans le Hainaut. Il meurt en 1663. (A., p. 147. — B., pp. 433-548. — J., p. 242. — C., tome VI, p. 117.)

Par patentes du 26 mai 1663, Philippe-François d'Aremberg (Ligne-Aremberg) duc d'Arschot et de Croy, premier duc d'Aremberg, chevalier de la Toison d'or, est créé grand bailli; et par patentes du 4 juin, lieutenant gouverneur et capitaine général. Il meurt en charge en 1674. (A , p. 147. — B., p. 433. — K.)

Par commission du 18 mars 1675, Philippe-François de Melun, marquis de Richebourg, est nommé commandant provisoire des gens de guerre du Hainaut. (C., tome XXIII, p. 99.)

Par patentes du 3 juin 1675, Charles-Eugène, duc d'Aremberg, etc., chevalier de la Toison d'or, frère consanguin de Philippe-François prénommé, est nommé lieutenant gouverneur capitaine général, grand bailli et souverain officier. Il meurt en charge en 1681. (A., p. 147. — B., p. 433. — K.)

Du 23 juillet 1681 au 31 novembre, Wolfgang de Bournonville, vicomte de Barlin,

Du 23 décembre 1681 au 10 mai 1682, Jacques de Fariaux, vicomte de Maulde,

Du 2 mai 1682 au 30 juin 1689, Eugène de Berghes (St-Winoc), premier prince de Rache,

Du 1er juillet 1689 au 7 février 1690, Philippe-François de Melun, marquis de Richebourg, sont successivement grands baillis *par provision*. (A., p. 147. — B., p. 454.)

Du 8 février 1690 au 7 juillet de la même année, la charge de grand bailli est vacante, mais Claude de Robaulx, seigneur de Lisbonne, en remplit les fonctions. (A., p 147.)

Par patentes du 20 juin 1690, Philippe de Glymes-Berghes, premier prince de Berghes, chevalier de la Toison d'or, est créé lieutenant gouverneur, capitaine général et grand bailli *par intérim*. Il est obligé de rendre Mons aux armées françaises en 1691, après une brillante défense. (A., p. 147. — B., p. 434. — E., fol. 499, *commission.*)

> Louis XIV ne confère pas le grand bailliage à cause des droits de souveraineté qui y sont attachés. (A.,p 69.)

Après le retour de Mons sous le sceptre de Charles II, Claude de Jauche, comte de Mastaing, devient capitaine général et grand bailli *par intérim*. Il reste en charge du 17 décembre 1697 au 31 mars 1698. (A., p. 147. —

En 1698, par patentes du 17 avril, *à titre définitif*, Ferdinand-Gustave de Croy, prince du St-Empire, comte du Rœulx, chevalier de la Toison d'or, succède à Mastaing dans ses deux charges. Il est maintenu par Philippe V. Il reste en fonctions jusqu'en 1709 lors de l'occupation du Hainaut et de Mons par les alliés, dans la guerre de la succession d'Espagne. (A., p. 147. — B., p 434.)

Par commission du 12 décembre 1709, Léopold-Philippe-Charles-Joseph d'Aremberg, duc d'Aremberg, chevalier de la Toison d'or, etc., petit-fils du duc Charles-Eugène, est créé par le conseil d'État lieutenant gouverneur, capitaine général et grand bailli par provision. Il est définitivement maintenu dans ses charges par deux patentes distinctes, l'une de lieutenant gouverneur et capitaine général, l'autre de grand bailli et souverain officier, datées toutes les deux du 3 février 1723. Il meurt en charge en 1754. (A., p 147. — B., p. 434. — G , tome II, p. 122, *Instructions.*)

Par patentes du 15 décembre 1740, Charles, duc d'Aremberg, chevalier de la Toison d'or, etc., fils du précédent, est créé grand bailli adjoint avec *succession future*, et, par patentes du 16 mai 1749, son père ayant donné sa démission, lieutenant capitaine général et gouverneur de Mons. Le 4 mai 1754 il entre en charge comme grand bailli *en actualité* par la mort de son père. Il reste en fonction jusqu'à sa mort en 1778. (A., p. 147. — B., p. 434. — K. — L., tome 162, fol. 7.)

Par patentes du 15 avril 1779, Louis Englebert, duc d'Aremberg chevalier de la Toison d'or, etc., fils

Par patentes de la même année 1779, le prince de Ligne est fait gouverneur militaire de Mons. Le titre de

du précédent, est créé grand bailli. En 1787, le gouvernement des Pays-Bas, par ordre formel de Joseph II, le force à donner sa démission. (A., p. 147. — G., tome II, p. 152, *patentes et instructions*. — R., 2ᵐᵉ série, tome XIII, p. 590.) lieutenant capitaine général est supprimé. (G., tome II, p. 152. — R., 2ᵐᵉ série, tome XIII, p 589.)

Par patentes du 27 février 1788, le général Nicolas-Antoine, comte d'Arberg et de Valengin, etc., est créé grand bailli Il prête serment à Mons le 6 avril. (A., p. 147, 120. — L , registre de 1783 à 1794, nᵒ 2012)

En 1789, pendant la révolution brabançonne, le duc d'Aremberg est réintégré dans sa charge par les états du Hainaut. Il leur prête serment le 1ᵉʳjanvier 1790. (J , 93)

Le 8 août 1791, Charles Joseph, prince de Ligne, chevalier de la Toison d'or, feld-maréchal autrichien, etc., déjà gouverneur militaire de Mons, est solennellement reçu dans cette ville et installé comme grand bailli. Ses patentes sont du 20 mai précédent. Il reste en charge jusqu'à la réunion de la Belgique à la France. (A , p. 148. — N. — L., *loco citato*, p. 297)

HOLLANDE, ZÉLANDE, UTRECHT, WEST-FRISE, VOORNE, LA BRIELLE (1).

Preuves. A. *Bilderdyck*, ouvr. cité. — B. *David.* Vaderlandsche geschiedenis. — C. *Duclerck*, Mémoires. — D. *Namèche*, Cours d'histoire nationale. — E , *Pontus Heuterus.* — F. *Henne*, Histoire du règne de Charles-Quint citée. — G. *Groen van Prinsterer*, ouvr. cité. — H. Archives de l'audience : Papiers d'État, Commissions et Instructions pour des gouverneurs. — J. Manuscrit nᵒ 20411 de la Bibliothèque royale. — K. *Gachard*, Correspondance de Guillaume le Taciturne. — L. *Gachard*, Correspondance de Philippe II. — M. *Gachard*, Rapport sur les archives de Lille. — N. *Juste*, Le soulèvement des Pays-Bas contre la domination Espagnole. — O. *Juste*, Guillaume le Taciturne. — P. *Gachard*, Actes des États Généraux de 1576 à 1585.

---

(1) Je dois donner ici une explication rétrospective par rapport à la Frise. La Frise *orientale*, dans la stricte acception géographique du mot, n'appartenait pas aux Pays-Bas. La Frise *occidentale*, au point de vue géographique, formait la gouvernance que j'ai appelée Frise orientale. La Frise hollandaise, occidentale par rapport à celle-ci, portait le nom de West-Frise.

(168)

En 1428, Florent de Borsele, plus tard chevalier de la Toison d'or et comte d'Ostrevant, est commis au stadthoudérat de Hollande, Zélande et West-Frise, par Philippe le Bon. Il est destitué en 1433, lors de son mariage avec Jacqueline de Bavière. (A., tome IV, fol. 133.)

En 1433, Hugues de Lannoy, seigneur de Santes, chevalier de la Toison d'or, succède à Borsele. Il reste en charge jusqu'en 1440. (B , tome VIII, p. 133. — C , tome I, p. 222)

En 1440, Guillaume de Lalaing, seigneur de Bugnicourt, succède à Lannoy; il est *déporté* en 1445 à l'occasion de son attitude dans les querelles des Hoecks et des Cabillauws. (A., tome IV, p. 148, 150. — B , tome VIII, p. 135)

En 1445 et 1446, Goswin de Wilde, président du conseil, gouverne momentanément le pays. En 1447, il est condamné à mort et exécuté (B., tome VIII, p. 135. — A., tome IV, pp. 150, 151.)

En 1448, Jean, sire de Lannoy, chevalier de la Toison d'or, est installé comme stadthouder. Il devient plus tard gouverneur de la Flandre gallicante. (A , tome IV, p. 152.)

Vers 1454, Charles, comte de Charolais, reçoit le gouvernement de la Hollande, etc. (?).

En 1469, Louis de Bruges, seigneur de la Gruthuuse, comte de Winchester, chevalier de la Toison d'or, est stadthouder. Il est encore en charge en 1477. (A., tome IV, pp 218, 251. — D , tome VII, p 602)

En 1477, Wolfart de Borsele, comte de Grandpré, chevalier de la Toison d'or, succède à Guillaume. Il est démissionné en 1479 sur les instances des Cabillauws (A , tome IV, pp. 251, 255. — E., tome II, p. 98.)

En 1480, Jean de Lalaing, sire de Lalaing, chevalier de la Toison d'or, succède à Borsele. Il meurt devant Utrecht en juillet 1483. (E., tome II, p. 187.)

En 1483, Jean III d'Egmont (fils de Guillaume), premier comte d'Egmont, succède à Lalaing. Il meurt en charge en 1515. Cependant, à raison de son grand âge, on lui avait adjoint dès 1511 pour conduire les opérations militaires son neveu, Florent d'Egmont, seigneur d'Ysselstein, plus tard comte de Buren. (E., tome I, pp. 57, 172; tome II, p. 125 ; tome III, p. 79.)

Par patentes du 30 septembre 1515, Henri, comte de Nassau, succède à Egmont. Il reste en charge jusqu'en 1521. (E., tome II, p. 195. — G., 1re série, tome Ier, p. 60.)

En 1521, Antoine de Lalaing, premier comte de Hoogstraeten, chevalier de la Toison d'or, succède à Nassau. Il reste en charge jusqu'à sa mort en 1540. Depuis 1528, le pays d'Utrecht est joint à la gouvernance de Hollande (E , tome VII, p. 305; tome III, p. 51 ; tome IV, pp. 178, 182).

Par patentes du ┆.. décembre 1540, suivies d'une instruction du 27 décembre, René de Nassau-Châlons, premier prince d'Orange de sa maison, etc., succède à Hoogstraeten. Il conserve sa gouvernance, quand, en 1543, il devient stadthouder de Gueldre. Il meurt en 1544. (E., tome VII, p. 506; tome VIII, p. 130. — G., 1re série, tome I, p. 74. — H., fol. 82, *Instructions*.)

Par patentes du .. octobre 1544, suivies d'une instruction du 7 octobre, Louis de Flandre, seigneur de Praet, chevalier de la Toison d'or, succède à Nassau-Châlons. Il donne volontairement sa démission en 1546. (E., tome VIII, p. 540. — H., folio 152, *Instructions*.)

Par patentes du 1er février 1546, accompagnées d'une instruction de la même date, Maximilien de Bourgogne, sire de Beveren, premier marquis de la Vère et de Flessingue, succède à de Praet. Il reste en charge jusqu'en 1559. (E., tome VIII, p. 540. — H., folio 242, *Instructions*. — J., folio 43, *Instructions*).

Par patentes du 9 août 1559, Guillaume de Nassau, prince d'Orange, chevalier de la Toison d'or, succède à Bourgogne. Il donne sa démission en 1567 et se retire en Allemagne. (H , folio 50, *Instructions*. — K., tome I, p. 487, *Commission*).

Par commission du 17 juin 1567, Maximilien de Hennin-Lietard, premier comte de Boussu, remplace le prince d'Orange *par provision* En 1570, il est destiné à devenir stadthouder en titre. En 1573, il est fait prisonnier par les insurgés. (B., tome X, p. 493. — L., tome II, p. 16. — M., p. 315.)

En 1573, pendant la captivité de Boussu, Philippe de Noircarmes, gouverneur du Hainaut, accepte pour deux mois la charge de stadthouder de Hollande. Il meurt en 1574. (N., tome Ier, p. 235.)

A la fin de 1573, don Ferdinand de Lannoy, comte de la Roche, gouverneur de l'Artois, fils de l'ancien vice-roi de Naples et beau-frère de Granvelle accepte la charge de *stadthouder*. En octobre 1574, il demande à la quitter et à reprendre son ancien gouvernement. En attendant, il va en Italie rétablir sa santé. (N., tome Ier, p. 367. — B., tome X, p. 578. — L, tome III, p. 6.)

Le 16 octobre 1574, est installé, comme stadthouder *provisionnel*, Gilles de Berlaymont, baron de Hierges, qui conserve néanmoins le gouvernement de la Gueldre. (N , tome II, p. 55. — L., tome III, pp 158, 167, 191, 517, etc.)

D'autre part, depuis le mois de juillet 1572, les députés des villes insurgées reconnaissent le prince d'Orange comme stadthouder et lieutenant général du roi en Hollande, Zélande, West-Frise et Utrecht; et le 4 juillet 1574 les membres et villes de Hollande et de Zélande font un traité d'union toujours sous le gouvernement du prince d'Orange, comme stadthouder du roi. (O , pp 134, 175.)

12

La Pacification de Gand de 1576 maintient le prince d'Orange dans son *stadthoudérat* de Hollande et de Zélande. Après leur rupture avec don Juan les États Généraux envoient encore provisionnellement le comte de Boussu gouverner Utrecht. Mais désormais il n'y a plus de véritable représentant de Philippe II ni en Hollande ni dans aucune autre province de cette gouvernance. (P., t. Ier, p. 40. — Texte de la Pacification de Gand.)

COMTÉ DE NAMUR.

Preuves. A. *Galliot*, Histoire du comté de Namur, tome II. — B. Inventaire des archives de la chambre des comptes, tome II, p. 457. — C. Bulletins de la Commission royale d'histoire. — D. Annales de la Société archéologique de Namur, tome X, p. 517. — E. *Henne*, Histoire du règne de Charles-Quint en Belgique. — F. Archives de l'audience. Papiers d'État : Commissions et Instructions pour des gouverneurs. — G. *Gachard*, Correspondance de Philippe II. — H. Manuscrit de la Bibliothèque royale, n° 20411. — J. *Gachard*, Analectes belgiques.—K. Chambre des comptes. Registres de la recette générale de Namur. — L. *Gachard*, Actes des États Généraux de 1600. — M. Collection des patentes militaires. — N. *Duc de Saint-Simon*, Mémoires. — O. Chancellerie des Pays-Bas. Patentes d'office. — P. Bulletins de la Commission pour la publication des anciennes lois et ordonnances. — Q. Liste chronologique des édits et ordonnances des Pays-Bas autrichiens. — R. Renseignements fournis par M. Stanislas Bormans. — S. *Gachard*, Collection de documents inédits concernant l'histoire de Belgique. — T. Biographie nationale.

Souverains baillis.

De 1418 à 1438. Henri de Longchamps, seigneur de Frenemont, est souverain bailli.

Le 11 juillet 1438, Guy Turpin, chevalier, prête serment comme successeur de Longchamps. Il reste en charge jusqu'en 1443. (D.-B.)

Le 5 novembre 1443, prête serment Baudouin de Humières, seigneur de Witermont, dit *le Liégeois*, comme successeur de Turpin. Il reste en charge jusqu'au 1er mars 1466, et donne alors sa démission en faveur de son fils qui suit (D-B.)

Capitaines généraux.

De 1448 à 1465, Antoine de Croy, premier comte de Portien, chevalier de la Toison d'or, exerce la charge de lieutenant gouverneur et capitaine général. (C., 2e série, t. XI, p. 113.— K., registres 3245-3251, etc.)

Le 9 mars 1466, Hugues de Humières
dit le Liégeois prête serment; il reste
en charge jusqu'en 1471 ou 1472. Il
nomme pour son lieutenant, le 12 octobre 1466, Bureau de Hun, chevalier,
seigneur de Beaureward. (D.-C., 2ᵉ série, tome VI, p 277 et suivantes. — B.)

En 1465, Philippe de Hornes, seigneur de Gaesbeck, succède à Croy;
il reste en charge jusqu'en 1472.

Le 23 mars 1472, prête serment à Namur comme souverain bailli, gouverneur et capitaine général, Gui de Brimeu, seigneur d'Humbercourt, comte
de Meghem, chevalier de la Toison d'or. « L'an 1472 fut translaté l'office du
« bailliage de Namur et adioinct à tousjours avec la gouvernance de Namur,
» tellement que quiconque est gouverneur de Namur et de la comté est
» grant bailli, et commect seulement ses lieutenants ou dict baillage que
« qui luy plaist. » Gui de Brimeu, qui est en même temps lieutenant général
du duc Charles en son avouerie de Liége et de Looz, est confirmé dans ses
charges namuroises par Marie de Bourgogne et en reste titulaire jusqu'à sa
mort. (D.-C., 2ᵉ série, tome VI, p. 277 et suivantes. — K., registre nᵒ 3275.)
En 1477, Jean de Longchamps, chevalier, seigneur de Wynces, lieutenant
du souverain bailli, fait fonctions de souverain bailli et de gouverneur. (D.-C.,
idem. B.)
Le 4 mars 1478, Philippe de Bourgogne, seigneur de Beveren, chevalier de
la Toison d'or, prête serment. Il se *déporte* de ses charges en 1481 pour passer
au gouvernement de l'Artois. Il a pour lieutenant par nomination du 2 octobre
1479, Jean de Warisoul. (D.-C , idem. B.)
Le 28 mars 1482, Jean de Châlons, prince d'Orange, prête serment comme
souverain bailli, gouverneur, capitaine général, et comme bailli des bois et
grand veneur. (Ces deux dernières charges sont désormais presque de droit
unies à la gouvernance.) Il a pour lieutenant par nomination du 1ᵉʳ septembre
1485 Godefroid Deve ou d'Eve. (D.-C., idem. B.)
Le 19 août 1485, prête serment, par *transport* du prince d'Orange, Jean
de Glymes, seigneur de Berghes et de Walhain, chevalier de la Toison d'or.
Il est *déporté* de ses charges en 1503 et le comte de Nassau, nommé en sa
place, résigne ses charges au profit du seigneur suivant Il nomme lieutenants
le 25 août 1488, Antoine, seigneur de Marbais, Henri d'Oultremont et Antoine
de Hun; puis le 18 juillet 1491, maître Jean le Rousseau, licencié en droit
(D -C., idem. B.)

Guillaume de Croy, seigneur de Chièvres, chevalier de la Toison d'or, est nommé par mandement du 6 décembre 1505. Il prête serment le 14 décembre. Il donne sa démission en 1509, consentant à la nomination de son successeur. (D.-C., idem. B.)

Jean de Glymes-Berghes, nommé derechef par mandement du 26 mars 1509, prête serment les 12 et 15 août suivants. Il résigne sa charge au profit de son fils en 1527. Il a pour lieutenant, en 1511, Jacques de Senzeilles. (D.-C., idem B.)

Par patentes du 12 mars 1527, Antoine de Glymes, premier marquis de Berghes, premier comte de Walhain, succède à son père. Il prête serment le 4 octobre 1528 et reste en charge jusqu'à sa mort en 1541. (D.-E., tome VII, p 506-B.)

Par patentes du 11 juillet 1541, Thierry, baron de Brandenbourg, déjà lieutenant depuis le 50 mars 1528, est créé gouverneur, etc., *par provision*, en dépit d'une requête présentée par le fils de Glymes-Berghes. Il prend pour lieutenant le 5 août 1541 Godefroid Gaiffier. (D.-D., tome VII, p. 506. B.)

Par patentes du 7 décembre 1541, Pierre de Werchin, sénéchal héréditaire du Hainaut, chevalier de la Toison d'or, est créé gouverneur, etc., à titre définitif. Il prend possession le 7 février 1542 Il nomme pour lieutenant Jean de Werchin. (D.-H., fol. 25, *Instructions* B.)

Par patentes du 2 juin 1545, Pierre-Ernest, comte de Mansfeld, etc., succède à Werchin. Il est fait prisonnier par les Français en 1552. (D.-E., tome VIII, p. 218. — B.)

Par patentes du 50 octobre 1552, Henri de Witthem, seigneur de Beersel, chevalier de la Toison d'or, remplace Mansfeld *par intérim*. Il meurt le 7 août 1554. (D. — E., tome X, p. 85. — B.)

Par patentes du 17 août 1554, Philippe de Senzeille, vicomte d'Aublain, lieutenant du souverain bailliage, devient gouverneur *par provision*, (D. — E., tome XII, p. 40. — B.)

Par patentes du 8 septembre 1552, Charles de Berlaymont, baron de Berlaymont et de Hierges, plus tard premier comte de Berlaymont, chevalier de la Toison d'or, devient gouverneur, etc., à titre définitif : Charles-Quint ne voulant plus réserver à Mansfeld que le gouvernement de Luxembourg et jugeant nécessaire de donner au Namurois un chef particulier. Berlaymont est confirmé dans ses charges le 22 octobre 1555 et le 12 mars 1556. Il meurt le 17 juin 1578. (D. — E., tome X, p. 161. — H., fol. 51, *Instructions*. — G., tome Ier, p. 228. — B.)

Par lettre du conseil d'État du 26 octobre 1576, il est annoncé aux États de Namur que ce conseil vient de commettre au gouvernement du comté Jean de Bourgogne, seigneur de Fromont, etc., pendant la captivité de Berlaymont.

Fromont est maintenu par don Juan, toujours *provisionnellement*, et reste en charge pendant l'année 1577 et une partie de l'année 1578 (1). (J. pp. 241, 261. — D. — C., 2ᵐᵉ série, tome V, p. 165.)

Par patentes du 17 juin 1578, Gilles de Berlaymont, baron de Hierges, etc., ancien stadthouder de Gueldre, succède à *titre définitif* à son père Charles. Il meurt en juin 1579. (D. — C., — 2ᵐᵉ série, tome IV, pp. 586, 455. — K., registre n° 5542 et suiv. — B.)

Par patentes du 20 juin 1579, Florent de Berlaymont, comte de Berlaymont et de Lalaing, chevalier de la Toison d'or, succède à son frère cadet Gilles. Il reste en charge jusqu'en 1590 et passe alors au gouvernement de l'Artois. (D. — K., registre n° 5545 et suiv. — S., tome Iᵉʳ, p. 418. — B.)

Par patentes du 4 novembre 1599, Charles, comte d'Egmont, prince de Gavre, chevalier de la Toison d'or, succède à Berlaymont. Il compte comme souverain bailli jusqu'au 18 janvier 1620. Il a comme lieutenant le seigneur d'Yves, Henri, et plus tard N. Uyttenbroeck (2). (D.—C., 4ᵐᵉ série, tome Iᵉʳ, p. 40. — L., pp. vi, 7, 108. — B.)

Par patentes du 4 février 1620, Max, comte de Stᵗᵉ-Aldegonde, etc., succède à Egmont en quittant le gouvernement du Limbourg. Il prête serment le 21 avril. Il passe en 1626 au gouvernement de l'Artois. (D. — K., registre, n° 5585 et suiv. — C, 3ᵐᵉ série, tome VIII, p. 459. — B.)

Par patentes du 4 décembre 1626, Philippe Charles d'Aremberg (Ligne-Aremberg), prince-comte d'Aremberg, duc d'Arschot et de Croy, chevalier de la Toison d'or, succède à Stᵗᵉ-Aldegonde. Il prête serment le 4 mars 1627. Il meurt en charge en 1640. (D. — T. — B.)

Par patentes de janvier 1641, Claude de Lannoy, premier comte de la Motterie, chevalier de la Toison d'or, etc, succède à Aremberg. Il avait déjà été chargé, pendant une absence de celui-ci, de la défense du comté par commission du 1ᵉʳ mai 1634. Il reste en charge jusqu'en 1645. (D. — K., registre n° 3400. — M., tome V, p. 227. — B.)

Par patentes du 31 janvier 1645, Ernest, comte d'Isembourg et de Grentzau, chevalier de la Toison d'or, etc., ancien gouverneur de l'Artois, succède à Lannoy. Il reste en charge jusqu'en 1645. Il a pour lieutenant Antoine de Maulde qui reste en charge jusqu'en 1654. (D. — K., registre n° 3404. — B.)

---

(1) Adrien de Croy, comte du Rœulx que citent en 1577 certains auteurs, était mort depuis 1553. — Voir *Comté de Flandre*.

(2) Le marquis de Marnay, cité par quelques auteurs, en 1620, n'est pas mentionné dans les comptes du souverain bailliage. Il était d'ailleurs gouverneur du Limbourg à cette époque.

Par patentes du 2 mai 1645, Claude de Rye, baron de Balançon, succède à Isembourg. Il reste en charge jusqu'en 1648. (D — K , registre n° 3405. — B.)

Par patentes du 10 mai 1648, Ambroise de Hornes, comte de Beaucignies, est chargé du gouvernement des gens de guerre du comté; et par patentes du 6 février 1649, il succède en titre à Balançon. Il passe la même année au gouvernement de l'Artois (D. — M., tome X, p. 49.)

En 1649, Philippe de Croy-Chimay-Aremberg, prince de Chimay, chevalier de la Toison d'or, succède à Beaucignies Il passe en 1654 au gouvernement du Luxembourg. (D — B.)

Le 12 juillet 1654, Claude de la Baume, comte de St-Amour, prince de Cantecroix, est reçu comme successeur de Chimay. Il meurt en charge en 1658. Il prend pour lieutenant Ph.-Il de Hinnisdael, seigneur de Fumal, ou plutôt Vechtmael, puis Sigefroi de Cracenpach. (D. — B.)

Par patentes du 21 mars 1659, Albert-François de Croy, comte de Meghem, chevalier de la Toison d'or, succède à Cantecroix. Il meurt en charge en 1674. Peu de temps avant sa mort, le comte de Rache avait été commis éventuellement au commandement des gens de guerre du comté, en cas de maladie ou d'absence du gouverneur. Croy reçoit du Roi pour lieutenant, en 1675, Louis Obert. (D. — M., tome XXII, fol. 537-558. — B.)

Le 29 octobre 1675, en vertu de patentes datées du mois de juillet (?). Octave-Ignace de Ligne-Aremberg, prince de Barbançon, succède à Meghem. Il meurt à Neerwinden en 1692 après avoir du rendre Namur à Louis XIV. Par patentes du 8 décembre 1675, le marquis de Conflans avait été commis au gouvernement des gens de guerre du comté pour le cas où Barbançon serait malade ou empêché. Barbançon prend pour lieutenant, en 1682, Cornil du Rondeau. (D. — M., tome XXIV, fol. 65. — B.)

En 1692, Louis, comte de Guiscard, maréchal des camps et armées, gouverne le comté au nom de Louis XIV. (D. — N., tome Ier, p. 10.)

Quand Namur rentre sous le sceptre de Charles II en 1695, Philippe-Charles-Frédéric Spinola d'Embry, comte de Bruay, chevalier de la Toison d'or, est créé gouverneur, etc., *par intérim*, et en 1696 à titre définitif. Il est maintenu par Philippe V et meurt en charge en 1709. (D. — B.)

Le lieutenant gouverneur, nommé par le Roi en 1695, Ferdinand Lindeman de Nevelstein, puis son successeur le lieutenant gouverneur Louis du Cellier de Wallincourt, nommé en 1709 par Max de Bavière, font les fonctions de gouverneur pendant les absences et après la mort de Bruay. (D.)

Après une longue vacance et par patentes du 5 mai 1713, Ferdinand-Alexandre, marquis de Maffey, lieutenant général bavarois, est nommé gouverneur, etc., par l'électeur de Bavière, comte de Namur. Il prête serment le 11 mai. (D. — R)

En 1715 ou à la fin de 1714, Adrien, comte de Lannoy de Clervaux est fait par Charles VI *administrateur* de la province. En 1717, il présente requête pour obtenir le gouvernement à titre définitif. Il obtient celui-ci par patentes du 7 octobre 1719 et garde la qualification d'administrateur avec les qualifications ordinaires. Il meurt en charge en 1730. Il avait nommé lieutenant en 1729 Théod.-Charles-Antoine de Kessel. (D. — O., registre 159, fol. 55 et 119, fol. 71. — P., tome III, p. 184.)

En novembre 1730, Charles-Albert, comte d'Ursel, premier duc d'Ursel et d'Hoboken, est *provisionnellement* chargé du gouvernement à raison des infirmités de Lannoy. Il est fait gouverneur, etc., à titre définitif par patentes du 26 mars 1732. Il meurt en charge en 1738. Il reçoit de l'Empereur pour lieutenant en 1732, Charles baron d'Harscamp, puis en 1736, Charles-Antoine, fils de celui-ci. (D. — R.)

Par patentes du 7 décembre 1739, Charles-Emmanuel-Joseph, prince de Gavre, chevalier de la Toison d'or, succède au duc d'Ursel. Il demande pour son fils *l'adjonction* et la *survivance*; Marie-Thérèse refuse, mais en lui faisant tenir l'assurance que son fils sera nommé quand il donnera sa démission. (D. C , 2me série, tome V, p. 355).

Pendant la guerre de la succession d'Autriche commandent successivement au nom de Louis XV dans le Namurois : Claude Joachim d'Audibert, comte de Lussan; et le marquis de Firmaçon (R , pp. 593, 597).

Par patentes du 12 février 1770, François-Joseph Rasse, prince de Gavre, marquis d'Ayseau, etc., succède à son père et reste le dernier titulaire des grandes charges du comté. (D. C., 2me série, tome V, p. 565.)

COMTÉ D'ARTOIS.

Sources. A. *Henne*, Histoire du règne de Charles-Quint. — B. *Gachard*, Rapport sur les archives de Lille. — C. Manuscrit n° 20411 de la Bibliothèque royale. — D. *Gachard*, Correspondance de Philippe II. — E. *Gachard*, Actes des États Généraux de 1576 à 1585. — F. Bulletins de la Commission royale d'histoire. — G. *Groen van Prinsterer*, ouvrage cité. — H. *Van Meteren*, ouvrage cité. — I. *Gachard*, Collection de documents inédits concernant l'histoire de la Belgique. — K. Collection des patentes militaires. — L *Pierre Leboucq*, Histoire des choses les plus remarquables advenues en Flandre, en Artois et à Valenciennes, etc. — M. Renseignements de M. le chanoine *van Drival*, d'après les manuscrits de Desmazures et ceux de la bibliothèque de St-Vaast. — N. *Gachard*, Actes des États Généraux de 1600. — O. *Wauters*, Histoire des environs de Bruxelles.

1420, Jean, seigneur de Fosseux.

1432, Pierre de Luxembourg, comte de St-Pol, capitaine général (M.).

1452, Jean de Bourgogne, comte d'Étampes, capitaine général (M.).

1447, Philippe de Crevecœur, sire d'Esquerdes, chevalier de la Toison d'or, gouverneur et capitaine général. Il passe au service de Louis XI qui occupe l'Artois d'abord de fait, puis en vertu du traité d'Arras de 1482 (M.).

En 1481 Philippe de Bourgogne, seigneur de Beveren, chevalier de la Toison d'or, est capitaine général pendant la guerre contre Louis XI. En 1493 il est fait de nouveau gouverneur et capitaine général par Philippe le Beau, après la restitution du comté. Il meurt en 1498. — (B., p. 281. — M.).

En 1500 Englebert, comte de Nassau et de Vianden, etc. (A., tome I, p. 54; tome II, p. 18).

Le 26 mai 1506 Jacques de Luxembourg, seigneur de Fiennes, gouverneur et capitaine général de la Flandre, fait son entrée à Arras comme gouverneur et capitaine général de l'Artois. Il reste en charge jusqu'en 1515. — (M.).

En 1515 Ferry de Croy, seigneur du Rœulx, chevalier de la Toison d'or succède à Fiennes. Il meurt en charge en 1524. (A., tome II, p. 18. — B., p. 505. — M.).

Par patentes du 10 décembre 1524, Adrien de Croy, premier comte de Rœulx, chevalier de la Toison d'or, fils de Ferry, succède à son père. Il fait son entrée à Arras le 30 avril 1526 et reste en charge jusqu'à sa mort en 1553. — (A. tome III, p. 82. — C. fol. 15 *patentes*. — M.)

Par patentes du 8 octobre 1553, Ponce ou Pontus de Lalaing, seigneur de Bugnicourt, chevalier de la Toison d'or, succède à Rœulx. Il meurt vers 1559. (C. fol. 11, *patentes*. — M.).

Par patentes du 7 août 1559, Lamoral d'Egmont, comte d'Egmont, etc., succède à Bugnicourt et reste en charge jusqu'à sa mort. (Voir son nom au Comté de Flandre).

Par patentes de mai 1571, don Ferdinand de Lannoy, comte de la Roche, etc., succède à Egmont. Il conserve sa gouvernance en 1575 quand il passe en Hollande; et, par commission du 16 février 1574, Max de Gand dit Vilain, baron de Rassenghien, etc., gouverneur de la Flandre gallicante, est commis pour le remplacer *par provision*. En 1574 il reprend ses fonctions et les garde jusqu'en 1576. (B., fol. 391. — D., tome II, p. 157, tome III, pp. 75, 168. — F. 1re série, tome II, p. 62. — E. tome I, p. 14. — M.)

En 1576 Robert de Melun, vicomte de Gand, plus tard marquis de Roubaix, succède à Lannoy par nomination des États Généraux. Il est maintenu par don Juan. (E., tome I, pp. 108, 111, 180. — F., 1re série, tome I, p. 149. — 2me série, tome V, p. 165. — M.)

En 1578 Oudart de Bournonville, baron de Capres, premier comte de Hennin-Liétard, est nommé par les États Généraux au gouvernement du vicomte de Gand qui s'est réconcilié avec le Roi. Après la pacification d'Arras, Philippe II témoigne à Farnèse l'intention de donner la gouvernance de l'Artois à Capres qui n'a pas encore pris possession en vertu de la nomination des états : mais Capres renonce à cette faveur au profit de Robert de Melun, (E , tome II, p. 59. — F , 2me série, tome IV, pp. 401, 459. — G , 1re série, tome VI, p. 518. — M.)

En décembre 1578 Robert de Melun rentre en charge par nomination de Philippe II. Il va mourir en 1585 au siége d'Anvers (E. tome II, pp. 100, 202, 405. — F., 2me série, tome IV, p. 443, tome IX, p. 374.)

Par commission des États Généraux et de l'archiduc Mathias, du 25 octobre 1579, Pierre de Melun, prince d'Espinoy, est créé superintendant de l'*Artois*, etc., pour combattre Farnèse et les Wallons réconciliés. (Voir plus loin à l'article Flandre gallicante).

D'autre part par patentes du ..... Philippe d'Egmont, comte d'Egmont prince de Gavre, chevalier de la Toison d'or, fils de Lamoral, est créé gouverneur et capitaine général de l'Artois par le Roi. Il meurt en 1590, à la bataille d'Ivry, à trente-deux ans, après avoir montré une bravoure éclatante. (F., 2me série, tome VIII, p. 471.)

Par patentes du ..... 1590 ou 1591, Marc de Rye, marquis de Varambon, ancien capitaine général de Gueldre, succède à Egmont. En 1596 il est fait prisonnier par les Français; et, après avoir été mis en liberté, il meurt le 24 décembre 1598, toujours titulaire de son gouvernement. (H., p. 548. — F., 1re série, tome XI, p. 151. — N., p. vi. — M.)

Par commission du 7 septembre 1596, Charles de Croy, prince de Chimay, etc., grand bailli du Hainaut, est commis à la capitainerie-générale des gens de guerre de l'Artois en l'absence de Varambon. (K , tome I, p. 187.)

En 1598 Lamoral de Ligne, premier prince de Ligne, etc., est commis *par provision* au gouvernement. (J., tome Ier, p. 466.)

En 1599 par patentes du..... Florent, comte de Berlaymont, etc , quitte le gouvernement de Namur pour succéder au prince de Ligne. Il reste en charge jusqu'en 1604, puis passe en Luxembourg (J., tome Ier, p. 49. — N., p. vi. — M)

Le 21 septembre 1604 Frédérick, comte de Bergh, etc., succède à Berlaymont. Il reste en charge jusqu'en 1610, puis il donne sa démission et peu après il devient stadthouder de Gueldre. (M.)

Le 29 juin 1610 Lamoral, prince de Ligne, rentre en charge comme gouverneur et capitaine général en titre. Il meurt en 1624 venant d'être nommé au grand bailliage du Hainaut. (M.)

Le 23 juin 1624 entre en charge Charle sde Lalaing, baron de Hachicourt, et par succession comte de Hoogstraeten et de Rennebourg, chevalier de la Toison d'or, etc. (M.)

Le 13 avril 1626 Max, comte de Sainte-Aldegonde, etc., quittant Namur, succède à Lalaing. Il meurt en 1631. (M.)

Philippe de Gomiecourt, premier comte de Gomiecourt (?). (Nobiliaire des Pays-Bas)

Par patentes du 12 novembre 1636, Ernest, comte d'Isembourg, etc., est nommé. Le 22 décembre de la même année il reçoit pour *un an* le droit de commander l'armée mobile qui séjourne dans sa province. Il passe plus tard à Namur. (K., tome VI, p. 29. — F., 1re série, tome XI, p. 221. — M.)

Depuis 1640 le roi de France et le souverain des Pays-Bas ont l'un et l'autre des gouverneurs en Artois, chacun pour la partie du comté soumise à sa domination. Parmi les gouverneurs capitaines généraux établis par les souverains des Pays-Bas on compte les seigneurs suivants :

En 1647 Gilles Othon, marquis de Trazegnies. (K., tome IX, p. 108.)

Par patentes du 26 novembre 1649, Ambroise de Hornes, comte de Beaucignies, quittant le gouvernement de Namur; il est arrêté en 1653 par ordre du pouvoir central. (O., tome III, p. 495.)

Par commission du 18 janvier 1653, le marquis de Trazegnies, gouverneur de Tournai, etc., reprend *provisionnellement* le gouvernement de l'Artois, pendant l'*absence* de Beaucignies, en conservant ses charges tournaisiennes. (K., tome XII, p. 261.)

Dès 1655, et encore en 1670, Alexandre Hippolyte Balthazar de Bournonville, duc de Bournonville en France, comte de Hennin-Lietard et prince de Bournonville aux Pays-Bays, chevalier de la Toison d'or..... (F., 3e série, tome X, p. 391. — L., p. 137.)

Dès 1677 et jusqu'en 1693, Eugène de Montmorency, prince de Robecque, chevalier de la Toison d'or. (K., tome XXVI, fol. 58.)

FLANDRE GALLICANTE.

Sources à consulter par rapport aux principaux personnages. A *Buzelinus*, Gallo Flandria. — B. *Henne*, Histoire du règne de Charles-Quint. — C. Collection des patentes militaires. — D. *Gachard*, Correspondance de Philippe II. — E. *Gachard*, Actes des États Généraux de 1576 à 1585. — F. Bulletins de la Commission royale d'histoire. — G. *Pruvost*, Les seigneurs de Turcoing, dans la Revue belge et étrangère de 1860, page 400. — H *Gachard*, Collection de documents inédits cités. J. *Van Meteren*, ouv. cité.

Par nomination de 1414, Hugues de Lannoy, seigneur de Santes, etc., qui passe en 1433 au gouvernement de Hollande. En 1444 il se démet de toutes ses charges pour vivre dans la retraite et « estre non serf fors à Dieu. »

(D'après Buzelinus, au seigneur de Santes succède immédiatement son cousin Baudouin de Lannoy, seigneur de Molembaix, chevalier de la Toison d'or.)

Par nomination de 1445, Baudouin d'Oignies, sire d'Estrées, chevalier. Il meurt le 12 juin 1459.

Par nomination de 1459, Jean, seigneur de Lannoy, etc., ancien stadthouder de Hollande. Il prête serment dans le *conclave* le 20 juin 1459 et meurt le 18 mars 1492.

Par nomination de 1465, Antoine d'Oignies, seigneur de Brouay ou Bruay, chevalier, succède à Lannoy. Il prête serment dans le conclave le 16 octobre.

Par nomination de 1467, Jean de Rosimbois, seigneur de Fromelles, chevalier. Il prête le serment accoutumé le 26 février; puis une seconde fois le 9 avril 1477 quand il a été maintenu en charge par Marie de Bourgogne. Il meurt en 1479.

Le 21 février 1479 prête serment à Lille, comme successeur de Fromelles, Jean de Hames, seigneur de Sandgate, etc.

Le 20 février 1484 prête serment à Lille comme successeur de Hames, Jean de la Gruthuuse, seigneur d'Espierres ou des Pierres, chevalier.

Le 18 août 1485 Baudouin de Lannoy, seigneur de Molembaix, Solre, etc , chevalier de la Toison d'or, prête serment à Lille comme capitaine général et gouverneur des châtellenies. Il meurt en charge en 1501. (G.)

Le 14 mai 1501 prête serment à Lille Jacques de Luxembourg, seigneur de Fiennes, chevalier de la Toison d'or, lieutenant général du roi de Castille. Il devient, en outre, plus tard gouverneur du comté de Flandre.

En 1513 Jacques II de Luxembourg, seigneur de Fiennes, premier comte de Gavre, etc , succède à son père comme gouverneur et capitaine général de la Flandre gallicante. Il prête serment à Lille en 1514 et meurt en juillet 1552, ayant été aussi gouverneur du comté de Flandre.

Par lettre du mois de juin 1552 Adrien de Croy, premier comte du Rœulx, succède à Gavre. Il prête serment à Lille le 7 juillet 1553.

Par patentes du 11 avril 1554, Jean de Montmorency, seigneur de Courrières, chevalier de la Toison d'or, succède à Rœulx qui vient de mourir. Il prête serment à Lille le 11 septembre. Il est maintenu par Philippe II à son départ pour l'Espagne, et meurt en 1565. Après lui la charge reste vacante pendant deux ans. (C., tome Ier, p 208, *patentes*. — D., tome Ier, p. 264. — F., 3e sér , tome IV, p. 393.)

Par patentes du 15 avril 1566, Maximilien de Gand, dit Vilain, baron de Rassenghien, premier comte d'Isenghien, succède à Courrières *par provision*. Il prête serment à Lille le 30 avril. Il est maintenu en charge en 1570 à titre définitif.

En 1576, pendant que Rassenghien est envoyé en Espagne par les États Généraux, et du 28 octobre 1577 au 15 juin 1579, pendant qu'il est captif des Gantois, trois personnages gouvernent successivement les châtellenies.

(*a*) François de Montmorency, chevalier, baron de Wastines, qui prête serment à Lille comme *intérimaire* le 28 septembre 1576.

(*b*) Hugues de Bournel, chevalier, seigneur d'Estaimbeke, etc., qui prête serment le 6 février 1578 et meurt le 21 juillet suivant.

(*c*) Par patentes du 12 juin 1578, délivrées au nom des États Généraux après leur rupture avec don Juan, André d'Oignies, seigneur de Willerval. Il prête serment le 24 juin 1578, signe comme gouverneur la pacification d'Arras et donne sa démission le 15 juin 1579, parce que le magistrat de Lille a rappelé son ancien gouverneur Rassenghien.

Ce dernier rentre en charge le 15 juin 1579 et meurt, toujours en fonctions, le 5 juin 1583. (D., tome Ier, p. 450 ; — tome II, pp 157, 499. — F., 1er série, tome II, p. 62; — 2e série, tome Ier, pp. 145, 144. — E., tom Ier, p. 406; — tome II, pp. 159, 201, 228.)

Par commission du 22 octobre 1579, l'archiduc Mathias et les États Généraux nomment Pierre de Melun, prince d'Espinoy, etc., *superintendant* de la *Flandre gallicante*, de l'Artois, etc., pour résister à Farnèse. (E, tome II, p. 299.)

Par patentes du 25 août 1584, Philippe de Recourt, baron de Licques, succède à Rassenghien. Il prête serment à Lille le 3 novembre.

(D'après Buzelinus, le gouvernement étant vacant en 1590, Farnèse y nomma *par intérim* le baron de Wastines intérimaire de 1576.)

Par patentes du 25 mars 1593, don Juan de Robles, baron de Billy, premier comte d'Annapes. Il prête serment le 2 juin, et meurt en fonctions en 1621. Après lui la charge reste vacante momentanément. (H., tome I. p 419. — J., p. 548.)

Par patentes du 6 février 1624, Philippe Lamoral de Gand dit Vilain, comte d'Isenghien, neveu de feu Maximilien, prête serment à Lille le 12 mai suivant, et meurt le 6 février 1631.

Par patentes du 8 janvier 1631, Alexandre de Bournonville (duc de Bournonville en France), comte de Hennin-Lietard, chevalier de la Toison d'or, succède à Isenghien. Compromis dans la conspiration des nobles de 1632, il quitte son gouvernement, se réfugie en France et après bien des vicissitudes, va mourir à Lyon. (C , tome V, p. 15.)

Par patentes du 1er juillet 1656, Philippe de Rubempré, comte de Vertaing, chevalier de la Toison d'or, etc , est promu du gouvernement de Tournai à celui de la Flandre gallicante. Il meurt en 1639.

Par patentes du 2 janvier 1640, Eustache de Croy, prince du St-Empire, comte du Rœulx, chevalier de la Toison d'or, succède à Vertaing. Il meurt en 1655. (C., tome VI, fol. 62, *patentes*.)

Par patentes du 29 juin 1653, Charles Spinola, comte de Bruay, etc., succède à Rœulx. Il fait son entrée à Lille et prête son serment le 50 août 1655. En 1667, il défend Lille contre Louis XIV, et capitule après 15 jours de tranchée ouverte le 28 août. Son corps reposait dans le caveau des grands carmes de Bruxelles pour être inhumé dans la ville de Lille « au cas qu'elle retourne à l'Espagne. » (C , tome XVI, p. 58. — F., 5e série, tome X, p. 524.)

FRISE.

Preuves. A. *Henne*. Histoire du règne de Charles-Quint. — B. *Pontus Heuterus* — C. Archives de l'audience. Papiers d'état : commissions et instructions pour des gouverneurs. — D. Bulletins de la Commission royale d'histoire . — E. *Pontanus*, ouvr. cité. — F. *Gachard*, Correspondance de Philippe II.—G. Bulletins de la Commission pour la publication des anciennes lois et ordonnances. — H. *Gachard*, Actes des États Généraux de 1576 à 1585. — J. *Gachard*, Collection de documents inédits concernant l'histoire de Belgique. — K. *Gachard*, Actes des États Généraux de 1600. — L Biographie nationale. — M. *Bor*, Nederlandsche oorlogen. — O. Annales de la Société archéologique de Namur. — P. *Van Meteren*, ouv. cité — Q. *Bilderdyck*, ouv. cité.

En 1498, Albert, duc de Saxe, est créé par Maximilien gouverneur héréditaire de la Frise. Il se fait remplacer ordinairement par son fils Henri et meurt en 1501. (A., tome II, p. 139.)

En 1501, Henri, duc de Saxe, succède à son père. (A., tome II, p. 140.)

En 1503, Georges, duc de Saxe, acquiert tous les droits de son frère Henri. Il gouverne le pays jusqu'en 1515, et cette année, par acte du 15 mai, il cède ses droits à l'archiduc Charles (Charles-Quint). (A., tome II, pp. 244, 518, 519.)

En 1515, Florent d'Egmont, seigneur d'Ysselstein, second comte de Buren, chevalier de la Toison d'or, est créé stadthouder par Charles-Quint. Il reste en charge jusqu'à la fin de 1517. (A., tome II, p. 148. — B . p. 662.)

Par patentes du 27 janvier 1518, Guillaume, baron (Freiherr) de Roggen-dorff, succède à Buren. Il se fatigue de sa position, donne sa démission et retourne en Allemagne après avoir désigné à son souverain l'homme le plus propre à lui succéder. (A., tome II, p. 274; tome III, p. 545.)

En 1521, Georges Schenck, baron de Tautenburg, drossart de Vollenhove, chevalier de la Toison d'or, succède à Roggendorf. En 1528, on joint au gouvernement de Frise l'Over-Yssel et, en 1536, Drenthe, Groeninghe, et les Ommelanden, annexés aux Pays-Bas. Schenck meurt en charge en 1540. (A., tome III, p 545. — B., p. 529.)

En 1540, Maximilien d'Egmont, seigneur d'Ysselstein, comte de Buren, chevalier de la Toison d'or, succède à Schenck. Il meurt en charge en 1548. (A., tome VII, p. 304; tome VIII, p. 357.)

Par patentes du 1er janvier 1549, Jean de Ligne, premier comte d'Arem-berg de sa maison, chevalier de la Toison d'or, succède à son *frère d'armes* le grand Buren. En 1551, on joint au gouvernement de Frise le comté de Lingen, nouvellement acquis par Charles-Quint. Ligne-Aremberg est confirmé dans sa charge le 30 novembre 1555 et le 20 juillet 1566. Il est tué à la bataille d'Heyligerlée de 1568 (A., tome VIII, p. 340-385. — L. — C., folio 200, 288, 321, 356, *Instructions.*)

En 1568, le comte de Meghem, stadthouder de la Gueldre, est chargé de gouverner la Frise et d'y commander. En 1570 il devient *stadthouder* en titre sans perdre son ancienne gouvernance et meurt en charge à Zwolle le 8 janvier 1572. (E., p 904. — F., tome II, pp 157, 221. — G., tome 1er, p. 315.)

En 1572, Gilles de Berlaymont, baron de Hierges, etc., qui est nommé stadthouder de Gueldre, est en même temps chargé du gouvernement de la Frise et de ses annexes par *provision*. Comme il ne peut quitter la Gueldre, à raison des circonstances, il se fait remplacer en Frise par un lieutenant: le colonel Gaspar de Robles, seigneur de Billy. (M., pp. 557, 582. — F, tome II, p. 221. — C., fol. 378, *Instructions*)

Par patentes du 15 janvier 1574, le colonel de Robles devient *stadthouder* et capitaine général en titre. En 1576 il est fait prisonnier par ses soldats, et n'est mis en liberté qu'en 1577. (F., tome II, p. 221; tome III, pp. 180, 518. — D., 2e série, tome X, p. 121. — O, tome X, p 205.)

En mars 1576, Georges de Lalaing, baron de Ville, comte de Renne-bourg, etc., est nommé stadthouder *par provision* par Philippe II. Il est maintenu par les États Généraux après leur rupture avec don Juan, par commission du 1er avril 1577, et signe l'union d'Utrecht. Il se réconcilie en 1580 avec le Roi en gardant sa charge et meurt en 1581. Pendant le gouvernement de Rennebourg il est à remarquer que Berlaymont Hierges com-

mande pendant quelque temps, au nom des États Généraux et *par provision*
en Over-Yssel et à Lingen. (D. 2ᵉ série, tome X, p. 111.— H., tome II, pp. 7,
154, 426. — C., fol. 394, 406, 408, *Commission* et *Instructions.*)

En 1581, le colonel espagnol François Verdugo succède à Rennebourg et
reste en charge presque vers 1594. (F, tome III, p. 240.)

D'autre part, pendant les années 1580-81, Jean de Mérode, baron de
Petersheim et de Westerloo, gouverne la Frise au nom de l'insurrection et
des États Généraux réunis autour du prince d'Orange. (P., p. 320. — Q.,
tome VII, p. 61.)

Enfin en 1598-1600, Frédérick, comte de Bergh, etc., futur stadthouder de
Gueldre, porte le dernier, au nom du souverain des Pays-Bas, le titre de
gouverneur de Frise. (Actes des États Généraux de 1600, p. 112.)

Tournai, Tournaisis.

Sources à consulter sur les principaux personnages. A. *Poutrain*, Histoire de la ville et cité de Tournai, etc., tome II, p 665 et suivantes. — B.
Bulletins de la Commission royale d'histoire. — C. Collections des patentes
militaires.

Grands baillis.

En 1521, Philippe de Beaufort, seigneur de Beaufort, chevalier, est établi
grand bailli par Charles-Quint après
la conquête. Il est encore en charge
en 1524. (A., tome II, p. 584.)

Gouverneurs capitaines généraux.

En 1521, Charles de Lannoy, seigneur de Senzeille et de Maingoval,
premier comte de Lannoy, chevalier
de la Toison d'or, plus tard prince
de Sulmone et vice-roi de Naples, est
créé par Charles-Quint gouverneur de
la ville de Tournai. Il réside peu, à
cause de ses grandes charges militaires. Il a pour lieutenant Jean de
Buillemont. (A.)

En 1522, Philippe de Lannoy, seigneur de Santes et de Rollencourt, chevalier de la Toison d'or, succède à son cousin comme gouverneur, puis en 1524
ou 1525, au seigneur de Beaufort. Il reste en charge jusque vers 1554. En
1525, il a pour lieutenant général du bailliage Jean de Preys, licencié ès lois,
conseiller de l'Empereur. (A.)

En 1554, Jean d'Oignies, seigneur de Wattines, chevalier, succède à son beau-père Lannoy-Rollencourt, dans ses deux charges, *par provision*, en vertu de la résignation de Lannoy et du consentement de Charles-Quint (A.)

En 1538, Hugues de Melun, premier prince d'Espinoy, chevalier de la Toison d'or, succède à Oignies dans les deux charges. Il a pour lieutenant gouverneur messire de Hautpont, et pour lieutenant général du bailliage (1550) Jean Oudegheerst. (A).

En 1555, Pierre de Werchin, sénéchal héréditaire du Hainaut, etc, ancien gouverneur de Namur et de Luxembourg, devient gouverneur de Tournai et du Tournaisis.

De 1558 à 1562, Jean de Failly, seigneur de Bernissart, est grand bailli. (B., 2ᵉ série, tome XII, p. 421.)

En 1559, Floris de Montmorency-Nevele, baron de Montigny, chevalier de la Toison d'or, devient gouverneur des ville, château et pays de Tournai-Tournaisis, et, par patentes du 9 octobre 1562, grand bailli. Les états lui donnent 6,000 florins carolus à sa bienvenue, et, en mai 1565, de nouveau 5,000 florins. Il reste en charge jusqu'à sa mort en Espagne. Il a pour lieutenant gouverneur Jean de Chasteler, seigneur du Moulbais, chevalier, et pour lieutenant général du bailliage Guillaume de Maulde, seigneur de Mansart et de Fermont, chevalier. (A. — B., 1ʳᵉ série, tome XI, p. 527 et suiv.)

En vertu d'une lettre de la gouvernante générale du 7 juin 1566, le lieutenant gouverneur Chasteler est commis pour exercer la charge de gouverneur en l'absence de Montigny. (A. — B., idem.)

Par commission du 9 août 1566, Philippe de Montmorency, comte de Hornes, amiral de la mer, etc., frère de Montigny, est envoyé à Tournai comme commissaire extraordinaire du pouvoir central. (A. — B., idem.)

En janvier 1567 (N. S.), Philippe de Noircarmes, etc., grand bailli du Hainaut, arrive à Tournai comme chef militaire supérieur. (B., idem.)

En février 1567 le colonel Jean de Croy, comte du Rœulx, etc., est commis au gouvernement de la ville et du château, et bientôt créé surintendant de la ville, pays et bailliage. Il donne sa démission presque aussitôt. La même année on trouve comme lieutenant général du bailliage Pierre Bachelet, licencié ès lois. (A. — B., idem.)

Par patentes du 25 juin 1568, Jacques de Blondel, seigneur de Cuinchy, est fait gouverneur capitaine et bailli des ville, château et bailliage. Il est encore en fonctions le 29 septembre 1576. Il a pour lieutenant Jean Hannaert, seigneur de Bisselinghe, qui avait déjà été fait, par le comte du Rœulx, commandant du château (A. — B., idem.)

En octobre 1576 Pierre de Melun, prince d'Espinoy, etc., est créé par les États Généraux gouverneur et grand bailli des ville, château et pays de Tournai-Tournaisis. Le 15 octobre il assiste pour la première fois à l'assemblée des états. (B., idem.)

En 1581, après la prise de Tournai par le prince de Parme, Philippe de Recourt, baron de Licques, en est créé gouverneur. Il est encore en charge le 31 mai 1582. Il garde pour lieutenant le seigneur de Bisselinghe. (A.)

Par patentes du 19 octobre 1590, Philippe de Croy, premier comte de Solre, marquis de Renty, chevalier de la Toison d'or, est créé gouverneur et capitaine des ville et château de Tournai, et, par patentes du même jour, grand bailli de Tournai-Tournaisis, Mortagne et St-Amand. Les deux charges étaient vacantes depuis plusieurs années. Croy-Solre établit comme lieutenant gouverneur, commandant du château, messire de Bersaque. (A.)

Par deux patentes séparées du 23 mars 1612, Gaston Spinola d'Embry, comte de Bruay, etc., en quittant le gouvernement du Limbourg, est pourvu des deux charges devenues vacantes par la mort de Croy-Solre. Il donne pour successeur, à Bersaque, quand celui-ci vient à mourir, le capitaine Robert de Renty. (C., tome III, fol. 116, *patentes*). (A.)

Par patentes du 12 janvier 1615, Charles de Lalaing, baron de Hachicourt, puis comte de Hoogstraeten et de Rennebourg, etc., succède aux deux charges vacantes par la mort de Bruay. Il reste en fonctions jusqu'en 1624 lors de sa promotion en Artois. Le 12 janvier 1615 il continue le capitaine de Renty dans sa charge de lieutenant gouverneur et de capitaine du château. (A. — C, tome III, fol. 110, 113, *patentes*.)

Par patentes du 6 février 1624, Philippe de Mérode, premier comte de Middelbourg, etc., succède à Lalaing-Hachicourt, dans ses deux charges; il meurt en 1625. (A.)

15

Par patentes du 12 octobre 1625, Philippe de Rubempré, comte de Vertaing, etc., succède aux deux charges de Mérode. Il a pour lieutenant général du bailliage en 1632, Jean de Cordes, seigneur de Ghysignies, chevalier. En 1636 il est promu au gouvernement de la Flandre gallicante. (A. — Actes des États Généraux de 1632, p. 56.)

Par patentes du 5 juillet 1636, Charles Philippe de Croy-Solre (fils de Philippe cité plus haut), premier duc d'Havré, chevalier de la Toison d'or, succède aux deux charges de Vertaing. (A. — C., tome VI, p. 18, *patentes*.)

Par deux patentes séparées du 9 décembre 1643, Philippe François de Croy-Solre, duc d'Havré, chevalier de la Toison d'or, frère du précédent qui est mort sans hoirs, succède à ses deux charges. Il passe en 1649 au gouvernement du Luxembourg. (A.)

Par patentes du 27 février 1649, Gilles Othon, marquis de Trazegnies, etc., succède aux deux charges du duc d'Havré, en laissant le gouvernement d'Artois, mais pour le cumuler par provision plus tard avec celui de Tournai. Il rend Tournai en 1667 aux armées françaises. (A. — B., 3me série, tome IX, p. 555 et tome X, p. 544.)

RÉGIME FRANÇAIS.

Par commission du 27 juillet 1667, le sieur de Renouard, capitaine aux gardes françaises, puis maréchal de camp, est nommé commandant de la ville et du château de Tournai; et par commission du 5 juin 1668, puis du 11 août 1674, gouverneur de Tournai et du Tournaisis. Je pense qu'il exerce en même temps la charge de grand bailli. Il a pour lieutenant gouverneur par commission du 30 août 1667 le sieur de Miraumont; par commission du 23 décembre 1668 le sieur de Mersgrigny, capitaine au régiment de Navarre; par commission du 24 avril 1669, quand Mersgrigny devient commandant de la citadelle, le sieur de St-Léon, aussi capitaine au régiment de Navarre; enfin, par commission du 31 décembre 1670, le sieur du Fay.

Le 2 janvier 1675 Antoine de Ribeyne, seigneur de Saint-Sandoux, brigadier de l'infanterie du Roy, capitaine et sergent-major aux gardes françaises, succède aux charges du sieur de Renouard. Il est maintenu pour trois ans par une nouvelle patente du 2 janvier 1678. Cependant il est sous la direction du maréchal d'Humières, créé le 4 juillet 1676 gouverneur général des Flandres dans lesquelles le pays de Tournai-Tournais est compris.

Par patentes du 24 avril 1679, Louis Damman, seigneur d'Ennequin, plus tard vicomte Damman, ancien	Par patentes du 6 février 1679, le comte de Montbron est nommé gouverneur en remplacement du seigneur

lieutenant général du bailliage depuis 1675, est nommé par Louis XIV grand bailli de Tournai, Tournaisis, Mortagne et St-Amand, en remplacement du seigneur de Saint-Sandoux, décédé. Il a pour lieutenant le 21 septembre 1679, le sieur Mullet, avocat au bailliage.

Par provision du 4 juillet 1706, octroyée par Louis XIV, Antoine-Ignace Van der Gracht, seigneur de Fretin, est créé grand bailli héréditaire de Tournai, Tournaisis, Mortagne et St-Amand, en remplacement du vicomte Damman.

de Saint-Sandoux, décédé. Il est remplacé le 20 mai 1681 par N. de Catinat, brigadier de l'infanterie du Roi; le 1er janvier 1682 par le sieur de Tracy, maréchal de camp; et, en vertu de patentes du 4 mars 1682, Tracy étant mort, par Colbert, marquis de Maulevrier, lieutenant général des armées du Roi. Ce dernier est maintenu pour trois ans par patentes du 12 juillet 1688. Maulevrier a pour lieutenants : le sieur de Dreux, par commission du 24 avril 1690, et le sieur de Corcelles par commission du 7 avril 1692.

Par patentes du 4 juin 1693 le lieutenant général marquis d'Harcourt, succède à Maulevrier décédé. Après la mort de Corcelles il a pour lieutenant le 1er mars 1703, le sieur Dollet déjà major de la citadelle.

RÉGIME AUTRICHIEN.

Grands baillis.

Quand en 1754 le grand bailli Van der Gracht de Fretin vient à mourir, il a pour successeur, en vertu de patentes visant la provision de 1706, son fils, Louis-François Van der Gracht, seigneur de Fretin. Celui-ci, lors de la formation du conseil de Tournai-Tournaisis, en 1773, prend le titre de président et grand bailli. Il meurt en charge en 1776.

Gouverneurs militaires.

Par les armées alliées en 1709 milord Arnold, comte d'Albemarle.

Par nomination du 28 avril 1718, des États Généraux de Hollande, en vertu du traité des Barrières : le général Robert Murray;

Le général de Rechteren;

Le général baron de Palandt.

Le général de Montesse, mort en 1759;

Le général Frédérick Jacques, Landgrave de Hesse;

Le colonel Jean-Adrien-Adolphe, baron de Dorth.

En 1776, Philippe, comte de Neny, succède à Van der Gracht de Fretin comme président et grand bailli. (*Almanach de la Cour.*)

En 1778, M. de Mullendorf, ancien président du conseil souverain de Hainaut, est nommé grand bailli et président du conseil de Tournai-Tournaisis. (*Pinchart*, ouvrage cité, p. 120.)

Par Louis XIV pendant l'occupation française, le 25 mai 1725 : le marquis de Brezé.

Par commission des États Généraux du 6 février 1729 : le lieutenant général Barent-Lewe.

Surintendant.

Par commission du 18 février 1756, François Gaston, comte de Cuvelier, conseiller du conseil suprême et d'État, trésorier général des domaines, est créé surintendant et directeur général de la ville, banlieue et pays de Tournai-Tournaisis.

www.ingramcontent.com/pod-product-compliance
Ingram Content Group UK Ltd.
Pitfield, Milton Keynes, MK11 3LW, UK
UKHW022342090726
13658UKWH00001B/410